New The 바른 일본어 ②STEP

KB082716

ECK Books

The 바른
일본 지도

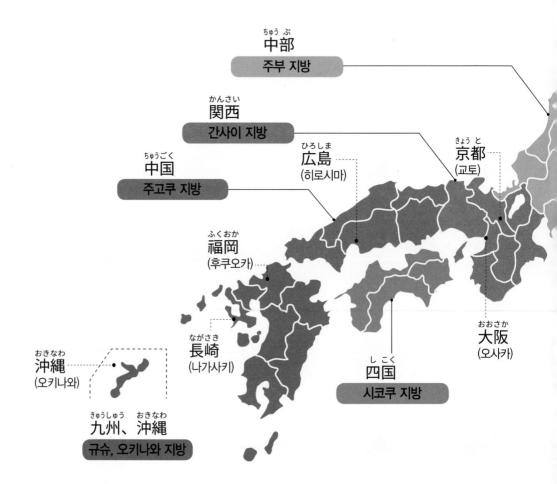

ちゅう ぶ
中部
주부 지방

かんさい
関西
간사이 지방

ちゅうごく
中国
주고쿠 지방

ひろしま
広島
(히로시마)

きょう と
京都
(교토)

ふくおか
福岡
(후쿠오카)

おおさか
大阪
(오사카)

しこく
四国
시코쿠 지방

おきなわ
沖縄
(오키나와)

ながさき
長崎
(나가사키)

きゅうしゅう　おきなわ
九州、沖縄
규슈, 오키나와 지방

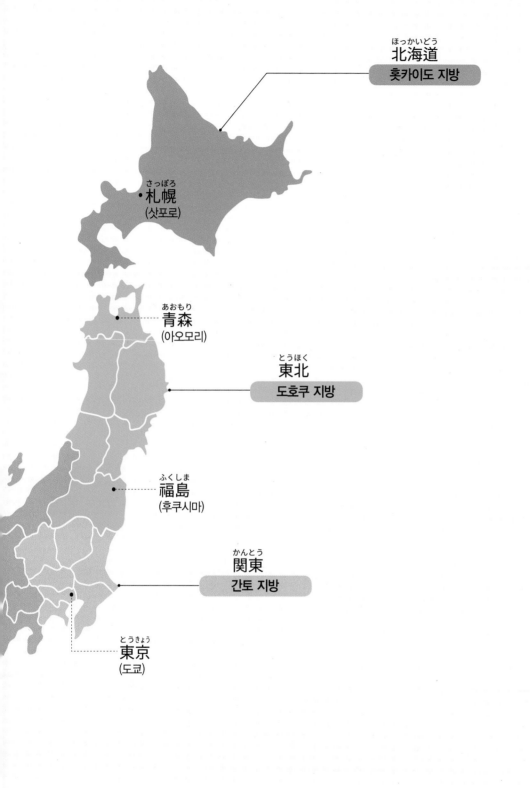

北海道
ほっかいどう
홋카이도 지방

札幌
さっぽろ
(삿포로)

青森
あおもり
(아오모리)

東北
とうほく
도호쿠 지방

福島
ふくしま
(후쿠시마)

関東
かんとう
간토 지방

東京
とうきょう
(도쿄)

일본어 STEP 2

초 판 인 쇄	2020년 9월 21일
지 은 이	서유리, 박은숙, 김귀자, 김순하
펴 낸 이	임승빈
편 집 책 임	정유항, 최지인
편 집 진 행	이승연
디 자 인	다원기획
일 러 스 트	강지혜
마 케 팅	염경용, 임원영, 김소연
펴 낸 곳	ECK북스
주 소	서울시 구로구 디지털로 32가길 16, 401 [08393]
대 표 전 화	02-733-9950
팩 스	02-723-7876
홈 페 이 지	www.eckbook.com
이 메 일	eck@eckedu.com
등 록 번 호	제 25100 - 2005 - 000042호
등 록 일 자	2000. 2. 15
I S B N	978-89-92281-99-7
	978-89-92281-93-5 (세트)
정 가	13,000원

이 도서의 국립중앙도서관 출판예정도서목록(CIP)은 서지정보유통지원시스템 홈페이지(http://seoji.nl.go.kr)와 국가자료공동목록시스템
(http://www.nl.go.kr/kolisnet)에서 이용하실 수 있습니다. (CIP제어번호 : CIP2020037656)

New The 바른 일본어 ②STEP

– 서유리, 박은숙, 김귀자, 김순하 지음 –

ECK Books

지은이의 말

급변하는 시대에 살고 있는 요즘, 언어에 대한 관심과 학습방법도 크게 변화되고 있으며 그에 따라 단어나 표현이 실제로 어떻게 사용되는지에 대한 갈증이 높아지고 있습니다.

일본어를 가르치는 현장에서 다양한 학습자들과 만나면서 '어떻게 하면 일본어에 대한 흥미를 떨어뜨리지 않게 할 수 있을까?'라는 생각과 '어떻게 하면 일본어가 어렵다고 생각하는 이들의 부담감을 덜어줄 수 있을까?'라는 생각을 꾸준히 해 왔습니다. 학교나 사내 외국어 강의에서 이 책을 접하는 학습자들이 방대한 설명으로 느끼는 피로감은 최소화하고 문형 활용을 간단하게 하면서도 자연스러운 회화를 구사하게 하고 싶다는 고민에 고민을 더해 나오게 되었습니다.

『New The 바른 일본어 Step2』에서는 기초 틀은 보다 간단하게, 실제로 사용하는 어휘의 양은 풍부하게, 쓰기와 독해를 통해 SNS에서도 활용할 수 있게 하여 일본어를 배우는 분들에게는 부담감을 최대한 덜고, 일본어를 가르치는 분들에게도 학습 레벨을 고려하여 가르칠 수 있도록 하였습니다.

1. Step 1에서 배운 핵심 내용 다지기

간단하지만 한 번 더 어휘와 표현을 튼튼하게 하기 위해 활용 연습은 최대한 배제하고 기초를 다질 수 있도록 하였습니다.

2. 각 과마다 학습 레벨을 고려한 풍부한 어휘 익히기

어휘와 표현의 반복을 통해 충분한 연습을 하면서도 각 테마별 어휘를 확장시키고 일기, 편지글, 후기와 같은 짧은 독해를 통해 학습자의 다양성을 고려하였습니다.

3. 일본 여행과 한국에서 접할 수 있는 일본 음식 이해하기

직접 만들 수 있는 일본 요리 레시피와 특별한 날 맛보는 일본 고유의 음식문화, 실제 주문할 때 사용할 수 있는 표현 등 직접 확인하면서 생생한 일본어를 맛볼 수 있는 코너를 준비하였습니다.

본 교재가 첫걸음을 시작하고 다음 계단으로 올라가는 데 있어 자신감을 최대한 살려 도움이 될 수 있을 것입니다. 일본어를 배우는 모든 분들에게 살아있는 일본어 감각과 실력을 높이는 데 도움이 될 수 있기를 바랍니다.

마지막으로 이 책이 완성되기까지 많은 아이디어를 제공해 준 학생들과 늘 응원해 주고 진심 어린 조언을 아끼지 않는 가족들, 항상 물심양면으로 애쓰신 ECK교육 임승빈 대표님과 관계자분들을 비롯하여 디자인과 편집에 많은 도움을 주신 이승연 실장님께도 진심으로 감사드립니다.

여러분의 일본어 여정을 응원합니다.

저자 일동

이 책의 소개 및 활용법

본책

기초 다지기

본 학습에 들어가기 전, Step 1 핵심 문형과 문법을 간략하게 정리하여 기초를 더욱 튼튼하게 복습해봅니다.

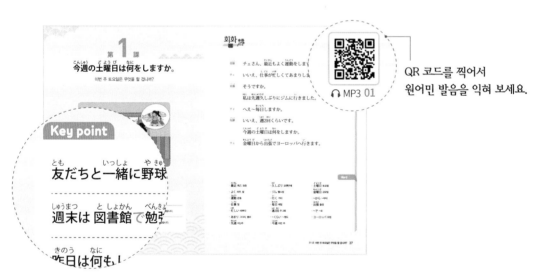

QR 코드를 찍어서 원어민 발음을 익혀 보세요.

Key point

각 과의 핵심이 되는 문장과 주요 문형을 알아봅니다. 복습할 때, Key point만 기억해도 도움이 됩니다.

회화

다양한 주제별 대화문을 통해 생활 표현 및 핵심 표현을 학습합니다.

이것만은 꼭꼭

핵심 문법과 문형을 간결한 설명과 다양
한 예문으로 알아봅니다.

💡 : 문법과 문형이 어렵게 느껴지지
　　 않도록 간결한 핵심을 제시합
　　 니다.

•Word• : 단어와 표현을 반복적으로 제시
　　　함으로써 단어의 숙지를 자연스
　　　럽게 도와 줍니다.

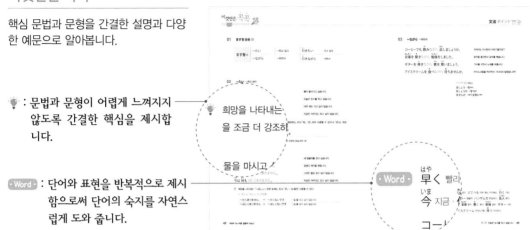

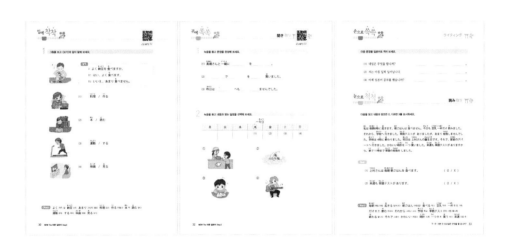

다양한 연습 문제 풀이

입에 착착 '이것만은 꼭꼭'에서 배운 핵심 표현을 그림과 보기를 활용해서 자유롭게 말하는 연습을
　　　　해봅니다.
　　　　충분한 연습 후, QR 코드로 원어민 발음을 확인해 보세요.

귀에 쏙쏙 녹음을 듣고 학습한 단어와 문형, 그림 선택의 문제 풀이로 청취력을 높여 보세요.

손으로 쓱쓱 문장을 일본어로 적어보는 연습을 해봅니다.

눈으로 척척 독해 연습으로, 제시된 일본어 상황을 읽고 문제를 ○, ×로 풀어봅니다.

이 책의 소개및 활용법

어휘/음식 톡톡

어휘 톡톡 : 그림을 활용한 다양한 단어를 알아보고 회화에서 바로 활용할 수 있는 단어 등을 알아봅니다.

음식 톡톡 : 일본의 다양한 음식 문화를 알아봅니다.

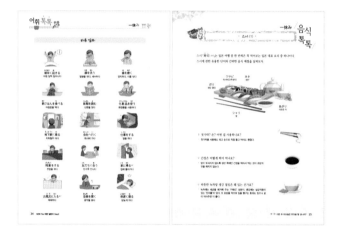

부록

회화 해석

각 과의 회화문에 대한 해석으로, 해석만을 보고 일본어로 바꾸는 연습도 가능합니다.

정답 및 스크립트

'입에 착착(말하기 연습)'의 스크립트와 '귀에 쏙쏙(듣기 연습)'의 정답과 스크립트를 알아봅니다.

워크북

각 과별 '핵심 단어'와 '이것만은 꼭꼭'의 주요 문형과 문법을 간편하게 학습할 수 있는 포켓용 워크북을 제공합니다.

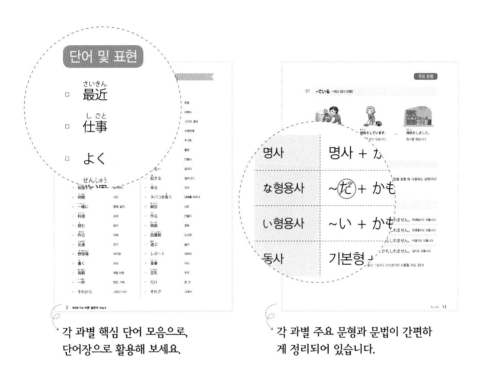

각 과별 핵심 단어 모음으로, 단어장으로 활용해 보세요.

각 과별 주요 문형과 문법이 간편하게 정리되어 있습니다.

MP3 다운로드 방법

본 교재의 MP3 파일은 www.eckbooks.kr에서 무료로 다운로드 받을 수 있습니다.
QR 코드를 찍으면 다운로드 페이지로 이동합니다.

| Contents |

///////////////////////////////

기초 | 다지기

Step1 핵심 내용 복습하기

01 인칭대명사

1인칭	2인칭	3인칭
<ruby>私<rt>わたし</rt></ruby>	あなた	<ruby>彼<rt>かれ</rt></ruby> / <ruby>彼女<rt>かのじょ</rt></ruby>
나	당신	그/그녀, 여자친구

* <ruby>誰<rt>だれ</rt></ruby>ですか。 누구입니까?

02 자기소개

はじめまして。私は (이름)です。   처음 뵙겠습니다. 저는 OOO입니다.

よろしく お<ruby>願<rt>ねがい</rt></ruby>いします。   잘 부탁합니다.

03 지시대명사

	こ	そ	あ	ど
사물	これ 이것	それ 그것	あれ 저것	どれ 어느 것
장소	ここ 여기	そこ 거기	あそこ 저기	どこ 어디
방향	こちら (=こっち) 이쪽	そちら (=そっち) 그쪽	あちら (=あっち) 저쪽	どちら (=どっち) 어느 쪽
명사 (사물/사람)	この + 명사 이 + 명사	その + 명사 그 + 명사	あの + 명사 저 + 명사	どの + 명사 어느 + 명사

04 위치 명사

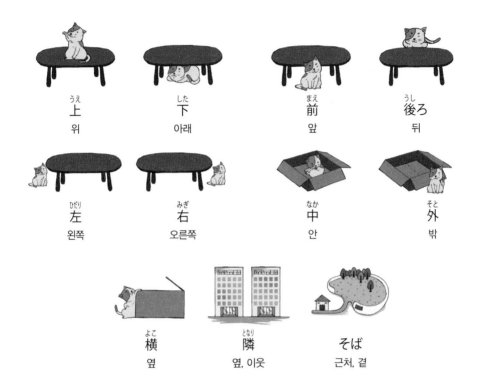

うえ
上
위

した
下
아래

まえ
前
앞

うし
後ろ
뒤

ひだり
左
왼쪽

みぎ
右
오른쪽

なか
中
안

そと
外
밖

よこ
横
옆

となり
隣
옆, 이웃

そば
근처, 곁

05 존재동사

	긍정	부정
사물·식물	あります 있습니다	ありません 없습니다
사람·동물	います 있습니다	いません 없습니다

💡 질문할 때 주의!

どこに ありますか。
どこに いますか。 ＝ どこですか。

06 숫자 읽기

	10	100	1,000	10,000
1	じゅう	ひゃく	せん	いちまん
2	にじゅう	にひゃく	にせん	にまん
3	さんじゅう	さんびゃく	さんぜん	さんまん
4	よんじゅう	よんひゃく	よんせん	よんまん
5	ごじゅう	ごひゃく	ごせん	ごまん
6	ろくじゅう	ろっぴゃく	ろくせん	ろくまん
7	ななじゅう	ななひゃく	ななせん	ななまん
8	はちじゅう	はっぴゃく	はっせん	はちまん
9	きゅうじゅう	きゅうひゃく	きゅうせん	きゅうまん

📢 お電話番号は何番ですか。　전화번호는 몇 번 입니까?

いくらですか。　얼마입니까?

07 시간 표현

📢 何時ですか。　몇 시 입니까?

1時	2時	3時	4時	5時	6時
いちじ	にじ	さんじ	よじ	ごじ	ろくじ

7時	8時	9時	10時	11時	12時
しちじ	はちじ	くじ	じゅうじ	じゅういちじ	じゅうにじ

🔊 **<ruby>何分<rt>なんぷん</rt></ruby>ですか。** 몇 분 입니까?

1分	2分	3分	4分	5分
いっぷん	にふん	さんぷん	よんぷん	ごふん
6分	7分	8分	9分	10分
ろっぷん	ななふん	はっぷん	きゅうふん	じゅ(っ)ぷん
15分	20分	30分	40分	50分
じゅうごふん	にじ(ゅ)っぷん	さんじ(ゅ)っぷん	よんじ(ゅ)っぷん	ごじ(ゅ)っぷん

08 시제 표현

<ruby>昨日<rt>きのう</rt></ruby> 어제	<ruby>今日<rt>きょう</rt></ruby> 오늘	<ruby>明日<rt>あした</rt></ruby> 내일
<ruby>先週<rt>せんしゅう</rt></ruby> 지난주	<ruby>今週<rt>こんしゅう</rt></ruby> 이번 주	<ruby>来週<rt>らいしゅう</rt></ruby> 다음 주
<ruby>先月<rt>せんげつ</rt></ruby> 지난달	<ruby>今月<rt>こんげつ</rt></ruby> 이번 달	<ruby>来月<rt>らいげつ</rt></ruby> 다음 달
<ruby>去年<rt>きょねん</rt></ruby>・<ruby>昨年<rt>さくねん</rt></ruby> 작년	<ruby>今年<rt>ことし</rt></ruby> 올해	<ruby>来年<rt>らいねん</rt></ruby> 내년

09 날짜/요일 표현

🔊 **<ruby>何月<rt>なんがつ</rt></ruby>ですか。** 몇 월입니까?

<ruby>1月<rt>いちがつ</rt></ruby>	<ruby>3月<rt>さんがつ</rt></ruby>	<ruby>5月<rt>ごがつ</rt></ruby>	<ruby>7月<rt>しちがつ</rt></ruby>	<ruby>9月<rt>くがつ</rt></ruby>	<ruby>11月<rt>じゅういちがつ</rt></ruby>
<ruby>2月<rt>にがつ</rt></ruby>	<ruby>4月<rt>しがつ</rt></ruby>	<ruby>6月<rt>ろくがつ</rt></ruby>	<ruby>8月<rt>はちがつ</rt></ruby>	<ruby>10月<rt>じゅうがつ</rt></ruby>	<ruby>12月<rt>じゅうにがつ</rt></ruby>

📣 何日/何曜日ですか。 며칠/무슨 요일입니까?

日曜日	月曜日	火曜日	水曜日	木曜日	金曜日	土曜日
にちようび	げつようび	かようび	すいようび	もくようび	きんようび	どようび
		1 ついたち	2 ふつか	3 みっか	4 よっか	5 いつか
6 むいか	7 なのか	8 ようか	9 ここのか	10 とおか	11 じゅう いちにち	12 じゅう ににち
13 じゅう さんにち	14 じゅう よっか	15 じゅう ごにち	16 じゅう ろくにち	17 じゅう しちにち	18 じゅう はちにち	19 じゅう くにち
20 はつか	21 にじゅう いちにち	22 にじゅう ににち	23 にじゅう さんにち	24 にじゅう よっか	25 にじゅう ごにち	26 にじゅう ろくにち
27 にじゅう しちにち	28 にじゅう はちにち	29 にじゅう くにち	30 さんじゅう にち	31 さんじゅう いちにち		

10 い형용사의 활용

	い형용사의 활용	예	
기본형	～い	おいしい。	맛있다.
정중형	～い + です	おいしいです。	맛있습니다.
부정형	～(い) + くありません	おいしくありません。	맛있지 않습니다.
명사 수식	～い + 명사	おいしいパン	맛있는 빵
연결형	～(い) + くて	おいしくて	맛있고, 맛있어서
과거형	～(い) + かったです	おいしかったです。	맛있었습니다.
과거 부정형	～(い) + くなかったです くありませんでした	おいしくなかったです。 おいしくありませんでした。	맛있지 않았습니다.

	い형용사의 활용	예	
기본형	～い	いい。	좋다.
정중형	～い + です	いいです。	좋습니다.
부정형	～(い) + くありません	いくありません。 (X) よくありません。 (O)	좋지 않습니다.
명사 수식	～い + 명사	いい人	좋은 사람
연결형	～(い) + くて	いくて (X) よくて (O)	좋고, 좋아서
과거형	～(い) + かったです	いかったです。 (X) よかったです。 (O)	좋았습니다.
과거 부정형	～(い) + くなかったです くありませんでした	いくなかったです。 (X) よくなかったです。 (O) よくありませんでした。(O)	좋지 않았습니다.

💡 いい(좋다)는 활용에 주의!

11 　な형용사의 활용

	な형용사의 활용	예	
기본형	〜だ	便利だ。	편리하다.
정중형	〜だ＋です	便利です。	편리합니다.
부정형	〜だ＋じゃありません	便利じゃありません。	편리하지 않습니다.
명사 수식	〜だ＋な＋명사	便利な〜	편리한 〜
연결형	〜だ＋で	便利で〜	편리하고, 편리해서
과거형	〜だ＋でした	便利でした。	편리했습니다.
과거 부정형	〜だ＋じゃありませんでした じゃなかったです	便利じゃありませんでした。 편리하지 않았습니다.	

💡 「を(을/를)」로 해석이 되지만, 「が(이/가)」를 써야 하는 な형용사에 주의!

- ・〜が 好きだ 　〜을/를 좋아하다 　　　↔　　・〜が きらいだ 　〜을/를 싫어하다
- ・〜が 上手だ 　〜을/를 잘하다(능숙하다) 　↔　　・〜が 下手だ 　〜을/를 못하다(서투르다)
- ・〜が 得意だ 　〜을/를 잘하다(특기, 장기) 　↔　　・〜が 苦手だ 　〜을/를 잘 못 하다(어렵거나 대하기 싫은 것)

12 　비교급 표현

Q. 〜と〜と どちらが 〜ですか。　　　〜와 〜중 어느 쪽이 〜입니까?

A. (〜より) 〜の方が 〜です。　　　(〜보다) 〜이/가 더 〜입니다.

13 　최상급 표현

Q. 〜の中で 何が 一番 〜 ですか。　　　〜의 중에서 무엇이 가장 〜입니까?

　　　　　　　誰　　　　　　　　　　　누구

　　　　　　　どこ　　　　　　　　　　어디

　　　　　　　いつ　　　　　　　　　　언제

A. 〜が 一番 〜 です。　　　〜이 가장 〜합니다.

우리 가족

남의 가족

_{そ ふ}
祖父 할아버지

_{じ い}
お祖父さん

_{そ ぼ}
祖母 할머니

_{ば あ}
お祖母さん

_{ちち}
父 아버지

_{とう}
お父さん

_{はは}
母 어머니

_{かあ}
お母さん

_{あに}
兄 형/오빠

_{にい}
お兄さん

_{あね}
姉 언니/누나

_{ねえ}
お姉さん

_{わたし}
私 나

_{おとうと}
弟 남동생

_{おとうと}
弟さん

_{いもうと}
妹 여동생

_{いもうと}
妹さん

_{つま か ない}
妻/家内 아내

_{おく}
奥さん

_{おっと しゅじん}
夫/主人 남편

_{しゅじん}
ご主人

_{むす こ}
息子 아들

_{むす こ}
息子さん

_{むすめ}
娘 딸

_{むすめ}
娘さん

_{なんにん か ぞく}
Q. 何人家族ですか。　　　가족은 몇 명입니까?

_{か ぞく}
A. 4人家族です。　　　네 식구입니다.

_{ちち　　はは　いもうと}
父と母と妹がいます。　아빠와 엄마와 여동생이 있습니다.

15 조사 정리

①	～は [wa]	～은/는	私は日本人じゃありません。	… 1과
②	～で	～(이)고 / ～(이어)서	イさんは韓国人で、学生です。	… 1과
③	～の	～의/～의 것	これは英語の本です。 それは先生のです。	… 2과
④	～も	～도	鈴木さんもですか。	… 2과
⑤	～から ～まで	～부터 ～까지	何時から何時までですか。	… 3과
⑥	～を	～을/를	このスカーフをください。	… 4과
⑦	～と	～와/과	おにぎりとラーメン(を)ください。	… 4과
⑧	～に	～에	テーブルの上にケータイがあります。	… 5과
⑨	～が	～이/가	いすの前に犬がいます。	… 6과
⑩	～で	～에서	果物の中で何が一番好きですか。	… 9과
⑪	～より	～보다	青より赤の方が好きです。	… 9과
⑫	～しか	～밖에	お金はこれしかありません。	… 10과
⑬	～に	～에게	私にはあなたしかしません。	… 10과
⑭	～から	～이니까, ～때문에	日本のドラマは おもしろいから、好きです。 ここは 有名だから、人が 多いです。	… 11과
⑮	～けど	～지만, ～다만	牛肉は 好きですけど、豚は あまり 好きじゃありません。	… 12과

💡 「～けど」는 「～が」와 같은 의미이지만, 회화에서 주로 사용한다.

| 何(なに・なん) | どこ | どれ |
| 무엇 | 어디 | 어느 것 (3개) |

| どちら | 誰 | いつ |
| 어느 쪽 (2개) | 누구 | 언제 |

| いくつ | いくら | どのくらい |
| 몇 개 | 얼마 | 어느 정도 |

<ruby>今週<rt>こんしゅう</rt></ruby>の<ruby>土曜日<rt>どようび</rt></ruby>は<ruby>何<rt>なに</rt></ruby>をしますか。

이번 주 토요일은 무엇을 할 겁니까?

Key point

<ruby>友<rt>とも</rt></ruby>だちと<ruby>一緒<rt>いっしょ</rt></ruby>に<ruby>野球場<rt>やきゅうじょう</rt></ruby>へ<ruby>行<rt>い</rt></ruby>きます。	친구와 같이 야구장에 갑니다.
<ruby>週末<rt>しゅうまつ</rt></ruby>は<ruby>図書館<rt>としょかん</rt></ruby>で<ruby>勉強<rt>べんきょう</rt></ruby>をしました。	주말에는 도서관에서 공부를 했습니다.
<ruby>昨日<rt>きのう</rt></ruby>は<ruby>何<rt>なに</rt></ruby>もしませんでした。	어제는 아무것도 하지 않았습니다.

회화

佐藤　チェさん、最近もよく運動をしますか。

チェ　いいえ、仕事が忙しくてあまりしません。

佐藤　そうですか。

　　　私は先週久しぶりにジムに行きました。

チェ　へえ～毎日しますか。

佐藤　いいえ、週2回くらいです。

　　　今週の土曜日は何をしますか。

チェ　金曜日から出張でヨーロッパへ行きます。

Word

- 最近 최근, 요즘
- よく 자주, 잘
- 運動 운동
- 仕事 일
- 忙しい 바쁘다
- あまり 그다지, 별로
- 先週 지난주

- 久しぶり 오랜만에
- ジム 헬스장
- 行く 가다
- 毎日 매일
- 週2回 주 2회
- ～くらい ～정도
- 今週 이번 주

- 土曜日 토요일
- 金曜日 금요일
- ～から ～부터
- 出張 출장
- ～で ～로
- ヨーロッパ 유럽

이것만은 꼭꼭

01 동사의 종류와 **ます형**

· 동사의 종류

1그룹	· 2, 3그룹을 제외한 나머지 동사 ① あ · う · お단(모음) + る ② る로 끝나지 않는 동사	① 分(わ)かる 作(つく)る 乗(の)る… ② 行(い)く 会(あ)う 待(ま)つ 話(はな)す…
	· 예외 1그룹 (★1) 형태는 2그룹, 활용은 1그룹	帰(かえ)る 入(はい)る 走(はし)る 切(き)る…
2그룹	① 〜る + ② い, え단 (①, ② 두 조건을 모두 충족 시키는 것이 2그룹 동사)	みる たべる おきる…
3그룹	· する くる	運動(うんどう)する 勉強(べんきょう)する 来(く)る…

· 동사의 **ます형**

1그룹	· ⑦단(모음) → い단(모음) + **ます**	乗(の)る → 乗(の)ります
		行(い)く → 行(い)きます
		待(ま)つ → 待(ま)ちます
		飲(の)む → 飲(の)みます
		話(はな)す → 話(はな)します
	· 예외 1그룹 (★1)	帰(かえ)る → 帰(かえ)ります
		入(はい)る → 入(はい)ります
		走(はし)る → 走(はし)ります
2그룹	① 〜る + ② い, え단 · 〜る → **ます**	みる → 見(み)ます
		たべる → 食(た)べます
		おきる → 起(お)きます
3그룹	· する → します · くる → きます	勉強(べんきょう)する → 勉強(べんきょう)します
		来(く)る → 来(き)ます

02 ます의 활용

①	현재형	～ます	～합니다 / ～하겠습니다
②	부정형	～ません	～하지 않습니다 / ～하지 않겠습니다
③	과거형	～ました	～했습니다
④	과거 부정형	～ませんでした	～하지 않았습니다

① テレビを 見ます。　　　　　　　　　　　　TV를 봅니다.

　コーヒーを 飲みます。　　　　　　　　　커피를 마십니다.

② 時間が ありません。　　　　　　　　　시간이 없습니다.

　タバコは 吸いません。　　　　　　　　담배는 피우지 않습니다.

③ 何を しましたか。　　　　　　　　　　무엇을 했습니까?

　友だちと 一緒に 映画を 見ました。　　친구와 함께 영화를 보았습니다.

④ お酒は 飲みませんでした。　　　　　　술은 마시지 않았습니다.

　昨日は 何も しませんでした。　　　　　어제는 아무것도 하지 않았습니다.

💡 ます형의 현재형은 미래형도 포함!
　明日、何を しますか。 내일 무엇을 합니까(하겠습니까)?

03 ～で (장소) ～에서, (수단, 방법) ～로

先輩と 会社の前で 会いました。　　　　　선배와 회사 앞에서 만났습니다.

このパンは 何で 作りましたか。　　　　　이 빵은 무엇으로 만들었습니까?

・Word・ 分かる 알다, 이해하다・作る 만들다・乗る 타다・行く 가다・会う 만나다・待つ 기다리다・飲む 마시다 話す 이야기하다・帰る★1 돌아가(오)다・入る★1 들어가(오)다・走る★1 달리다・切る★1 자르다・見る 보다 食べる 먹다・起きる 일어나다・運動する 운동하다・勉強する 공부하다・来る 오다・時間 시간 ある 있다・タバコを 吸う 담배를 피우다・一緒に 함께, 같이・お酒 술

🎧 MP3 02

1 그림을 보고 〈보기〉와 같이 말해 보세요.

・보기・

A : よく 納豆を 食べますか。

B1 : はい、よく 食べます。

B2 : いいえ、あまり 食べません。

(1)　料理 / 作る

(2)　本 / 読む

(3)　運動 / する

(4)　映画 / 見る

・Word・ よく 자주, 잘 ・ 納豆 낫또 ・ あまり 그다지, 별로 ・ 料理 요리 ・ 作る 만들다 ・ 本 책 ・ 読む 읽다
運動 운동 ・ する 하다 ・ 映画 영화 ・ 見る 보다

2　다음 〈보기〉와 같이 말해 보세요.

・보기・

A : 昨日は 何を しましたか。
B : 図書館で 勉強を しました。

(1) 友達と 遊ぶ

(2) 野球場へ 行く

(3) レポートを 書く

(4) ホテルで 食事をする

・Word・ 昨日 어제 · 図書館 도서관 · 勉強する 공부하다 · 友達 친구 · 遊ぶ 놀다 · 野球場 야구장 · 行く 가다
レポート 리포트 · 書く 쓰다 · ホテル 호텔 · 食事 식사

1 녹음을 듣고 문장을 완성해 보세요.

(1) 高橋さんと 一緒に ＿＿＿＿＿＿ を ＿＿＿＿＿＿。

(2) ＿＿＿＿＿＿ で ＿＿＿＿＿＿ を ＿＿＿＿ 買いました。

(3) 昨日は ＿＿＿＿＿＿ へも ＿＿＿＿＿＿ ませんでした。

2 녹음을 듣고 내용과 맞는 일정을 선택해 보세요.

今日

月	火	水	木	金	土	日
			(1)	(2)	(3)	(4)

①

②

③

④

다음 문장을 일본어로 적어 보세요.

(1) 내일은 무엇을 합니까?　_____。

(2) 저는 아침 일찍 일어납니다.　_____。

(3) 어제 일본어 공부를 했습니까?　_____。

読み取り 鳥

다음을 읽고 내용과 맞으면 O, 다르면 X를 표시하세요.

私は 毎朝6時に 起きます。朝ごはんは 食べません。今日も 豆乳 一杯だけ 飲みました。それから、学校へ 行きました。単語テストが ありましたが、あまり 勉強しませんでした。学校は 4時に 終わりました。明日は 上村さんの 誕生日です。それで、駅前のデパートへ 行きました。かわいい時計を 一つ 買いました。来週も 単語テストが ありますから、家で 11時まで 単語の勉強を しました。

Quiz

(1) 上村さんは 毎朝 朝ごはんを 食べます。　　（ O / X ）

(2) 来週も 単語テストが あります。　　（ O / X ）

Word
毎朝 매일 아침 · 起きる 일어나다 · 朝ごはん 아침(밥) · 豆乳 두유 · 一杯 한 잔, 가득 · だけ 뿐, 만
飲む 마시다 · それから 그러고 나서 · 学校 학교 · 単語テスト 단어 시험 (테스트) · 終わる 끝나다
それで 그래서 · かわいい 귀엽다 · 時計 시계 · 一つ 한 개 · 買う 사다 · 来週 다음 주

하루 일과

あさはや　お
朝早く起きる
아침 일찍 일어나다

かお　あら
顔を洗う
얼굴을 씻다, 세수하다

は　みが
歯を磨く
양치하다, 이를 닦다

あさ　　　　た
朝ごはんを食べる
아침밥을 먹다

しんぶん　よ
新聞を読む
신문을 읽다

け しょうひん　つか
化粧品を使う
화장품을 사용하다

ち か てつ　の
地下鉄に乗る
지하철을 타다

かいしゃ　い
会社へ行く
회사에 가다

しごと
仕事をする
일을 하다

ざんぎょう
残業をする
잔업을 하다

とも　　　　あ
友だちに会う
친구를 만나다

いえ　かえ
家に帰る★1
집에 돌아가다

ふ ろ　はい
お風呂に入る★1
목욕하다

おんがく　き
音楽を聞く
음악을 듣다

よるおそ　ね
夜遅く寝る
밤늦게 자다

一休み **음식 톡톡**

• 스시 (1) •

스시「寿司 _{초밥}」는 일본 여행 중 한 번씩은 꼭 먹어보는 일본 대표 요리 중 하나이다.
스시에 관한 유용한 단어와 간략한 식사 예절을 살펴보자.

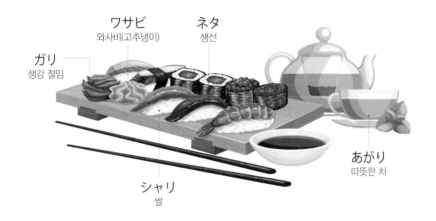

ワサビ
와사비(고추냉이)

ネタ
생선

ガリ
생강 절임

あがり
따뜻한 차

シャリ
쌀

Q. 젓가락? 손? 어떤 걸 사용하나요?

A. 젓가락을 사용해도 되고 손으로 직접 들고 먹어도 괜찮다.

Q. 간장은 어떻게 찍어 먹나요?

A. 밥이 부서지지 않도록 생선 쪽에만 간장을 찍어서 먹는 것이 초밥의
맛을 해치지 않는다.

Q. 따뜻한 녹차랑 생강 절임은 왜 있는 건가요?

A. 녹차에는 세균을 제거해 주는 '카테킨' 성분이, 생강에는 살균작용이
있는 '진저롤'이 있다. 또 초밥을 먹으며 입을 헹구는 효과도 있으니 같
이 먹어주면 더 좋다.

第 **2** 課

今度の週末、遊びにいきませんか。

이번 주말, 놀러 가지 않겠습니까?

Key point

そろそろ帰りましょう。	슬슬 돌아갑시다.
映画を見にいきましょうか。	영화를 보러 갈까요?
一緒にコーヒーを飲みませんか。	같이 커피를 마시지 않겠습니까?

🎧 MP3 04

佐藤　今度の週末、どこか 遊びにいきませんか。

チェ　いいですね。どこに いきましょうか。

佐藤　江陵は どうですか。

　　　美しい海と 景色、有名なグルメも たくさん ありますよ。

チェ　そうですか。いいですね、江陵！

　　　じゃ、週末は 車が 多いから、朝早く 出発しましょうか。

佐藤　はい。そうしましょう。

　　　7時まで 迎えにいきます。

Word

- 今度 이번, 돌아오는
- 週末 주말
- どこか 어딘가
- 遊ぶ 놀다
- 江陵 강릉 (지명)

- 美しい 아름답다
- 海 바다
- 景色 경치
- 有名だ 유명하다
- グルメ 맛집, 미식가

- 朝 아침
- 早く 일찍
- 出発 출발
- そうしましょう 그렇게 합시다
- 迎える 마중하다

이것만은 꼭꼭

01 ます형 응용 (1)

ます형+	~にいく	~하러 가다	飲みにいく。	마시러 가다.
	~ましょう	~합시다	飲みましょう。	마십시다.
	~ましょうか	~할까요?	飲みましょうか。	마실까요?
	~ませんか	~하지 않겠습니까?	飲みませんか。	마시지 않겠습니까?

02 ~にいく ~하러 가다

映画を 見にいきます。　　　　　　　　　　영화를 보러 갑니다.

誰に 会いにいきますか。　　　　　　　　누구를 만나러 갑니까?

友だちと 遊びにいきました。　　　　　친구와 놀러 갔습니다.

今週末、家族と 一緒に ドライブにいきます。　이번 주말, 가족과 함께 드라이브하러 갑니다.

💡 명사와 동사에 모두 활용 가능!

명사
─────── + ~にいく
동사의 ます형

03 ~ましょう ~합시다

そろそろ帰りましょう。　　　　　　　　슬슬 돌아갑시다.

もう少し頑張りましょう。　　　　　　　조금 더 힘냅시다.

今から 日本語で 話しましょう。　　　　이제부터 일본어로 말합시다.

会議は 来週の 金曜日に しましょう。　회의는 다음 주 금요일에 합시다.

04 〜ましょうか 〜할까요?

何時に 電話を かけましょうか。 　　　　몇 시에 전화를 걸까요?

今夜、お酒を 飲みにいきましょうか。 　　오늘 밤, 술을 마시러 갈까요?

プレゼントは 何にしましょうか。 　　　선물은 무엇으로 할까요?

ランチは 軽く 駅弁にしましょうか。 　　점심은 가볍게 에키벤으로 할까요?

> Step 1) p.51
> 〜にする (〜로 하다) 참고

05 〜ませんか 〜하지 않겠습니까?

少し 休みませんか。 　　　　　　　　조금 쉬지 않겠습니까?

一緒に コーヒーを 飲みませんか。 　　같이 커피를 마시지 않겠습니까?

日曜日のコンサートへ 行きませんか。 　일요일 콘서트에 가지 않겠습니까?

本を 借りにいきませんか。 　　　　　책을 빌리러 가지 않겠습니까?

• Word • 飲む 마시다 • 映画 영화 • 誰 누구 • 〜に会う 〜을/를 만나다 • 友だち 친구 • 遊ぶ 놀다 • 今週末 이번 주말 • 家族 가족 • 一緒に 같이, 함께 • ドライブ 드라이브 • そろそろ 슬슬 • 帰る★1 돌아가(오)다 • もう少し 조금 더 • 頑張る 분발하다, 힘내다 • 今から 이제부터 • 話す 이야기하다 • 電話をかける 전화를 걸다 • 今夜 오늘 밤 • プレゼント • 선물 • ランチ 점심 • 軽く 가볍게 • 駅弁 에키벤 (역 또는 기차 안에서 파는 도시락) • 休む 쉬다 • 日曜日 일요일 • コンサート 콘서트 • 借りる 빌리다

🎧 MP3 05

1 그림을 보고 〈보기〉와 같이 말해 보세요.

> · 보기 ·
>
> A : 明日、一緒に 食事にいきませんか。
>
> B1 : いいですね。行きましょう。
>
> B2 : すみません。
>
> 明日は 山田さんの家に 映画を 見にいきます。

(1) 仁川 / 野球を見る

(2) デパート / 化粧品を買う

(3) 居酒屋 / お酒を飲む

(4) 空港 / 加藤先生を迎える

(5) ホンデ / おいしいスフレを食べる

2 다음 〈보기〉와 같이 말해 보세요.

・보기・

A : 何か 飲みましょうか。

B : いいですね。じゃ、コーヒーでも飲みましょう。

---

(1) 食べる / カップラーメン

(2) かける / K-POP

(3) 買う / アイスクリーム

(4) 見る / ネッフリ

・Word・ 食事 식사 · 野球 야구 · 化粧品 화장품 · 買う 사다 · 居酒屋 선술집 · 空港 공항 · 迎える 마중하다
スフレ 수플레 (디저트 종류) · 何か 뭔가 · 〜でも 〜라도 · カップラーメン 컵라면 · かける 켜다, 틀다
買う 사다 · ネッフリ 넷플릭스 (ネットフリックス의 줄임말)

1 　녹음을 듣고 문장을 완성해 보세요.

(1) 少_{すこ}し＿＿＿＿＿＿＿＿＿＿＿＿＿＿＿＿＿＿＿＿。

(2) どこで＿＿＿＿＿＿＿＿＿＿＿＿＿＿＿＿＿＿。

(3) 一緒_{いっしょ}に 図書館_{としょかん}へ＿＿＿＿＿＿＿＿＿にいきませんか。

2 　녹음을 듣고 도와주길 바라면 O, 거절하면 X를 표시하세요.

(1) (O / X)

(2) (O / X)

(3) (O / X)

(4) (O / X)

・Word・ 持_もつ 들다 ・ 手伝_{てつだ}う 돕다, 거들다 ・ 傘_{かさ} 우산 ・ 貸_かす 빌려주다

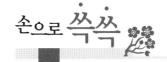

다음 문장을 일본어로 적어 보세요.

(1) 슬슬 돌아갑시다.　_____。

(2) 같이 커피를 마시지 않겠습니까?　_____。

(3) 조금 쉴까요?　_____。

다음을 읽고 내용과 맞으면 O, 다르면 X를 표시하세요.

なおみ先輩へ。

こんにちは。ジウォンです。

先輩、最近も忙しいですか。今月末にロックコンサートがありますけど、一緒に行きま
せんか。実は、イベントに当たりました。それで、チケットはただです。(笑)
ぜひ一緒に行きましょう。

ジウォンより

・Quiz・

(1) 今月末にクラシックコンサートがあります。　(O / X)

(2) ジウォンがなおみ先輩にメッセージを書きました。　(O / X)

・Word・　先輩 선배・最近 최근, 요즘・忙しい 바쁘다・今月末 이번 달 말・~けど ~지만・実は 실은
イベント 이벤트・当たる 당첨되다・それで 그래서・チケット 티켓・ただ 공짜・ぜひ 꼭

권유 표현

お茶を飲む
차를 마시다

踊る
춤추다

ドライブに行く
드라이브하러 가다

写真を撮る
사진을 찍다

習う
배우다

ゆっくり休む
푹 쉬다

同窓会へ行く
동창회에 참가하다

忘年会をする
송년회(망년회)를 하다

送別会をする
송별회를 하다

誘う
권유하다

講義を聞く
강의를 듣다

ゼミに参加する
세미나에 참가하다

メールを送る
메일을 보내다

資料をコピーする
자료를 복사하다

内容を削除する
내용을 삭제하다

一休み 음식 톡톡

• 라멘 (1) •

일본의 라멘「ラーメン 라면」은 생면에 돼지 뼈나 닭고기, 야채, 말린 멸치 등을 넣고 끓인 국물 위에 여러 가지 건더기를 얹어 먹는 것이 특징이다. 일본인이 좋아하는 건더기로는 '삶은 돼지고기(チャーシュー), 파(ネギ), 숙주(もやし), 말린 죽순(メンマ), 삶은 달걀(ゆで卵)' 등이 있다. 가게나 지역에 따라 맛이 다르고 다양하여 최근에는 전국의 인기 있는 라멘을 한곳에 모은 라멘 팝업스토어가 생기기도 한다. 일본으로 여행을 가게 되면 다양한 일본 라멘도 꼭 맛보는 것을 추천한다.

라멘 건더기로 무엇을 추가해 볼까요?

コン
옥수수

チャーシュー
차슈 (돼지고기)

ネギ
파

ゆで卵
삶은 달걀

ほうれん草
시금치

メンマ
말린 죽순

もやし
숙주

のり
김

今日はかき氷が食べたいです。

오늘은 빙수를 먹고 싶습니다.

Key point

今日はゆっくり休みたいです。	오늘은 푹 쉬고 싶습니다.
日本人の友だちがほしいです。	일본인 친구를 갖고 싶습니다.
音楽を聞きながら、勉強します。	음악을 들으면서 공부를 합니다.

井上 パクさんは ゴールデンウィークに 何がしたいですか。

パク 私は まず ゆっくり 休みたいです。

最近ずっと 忙しかったから。井上さんは 何を しますか。

井上 私は、ホームベーキングが 習いたいです。

それで、ワンデークラスにいきます。

ハン へえ、すごいですね。

じゃあ、今日のお昼の後、デザートを 食べにいきましょうか。

井上 いいですね。今日は かき氷が 食べたいです。

Word

- ゴールデンウィーク
  골든위크 (4월 말~5월 초)

- まず 먼저

- ゆっくり 푹

- 最近 요즘, 최근

- ずっと 쭉, 계속

- 忙しい 바쁘다

- ホームベーキング 홈베이킹

- 習う 배우다

- それで 그래서

- ワンデークラス 원데이클래스

- すごい 대단하다

- ～後 ～후

- かき氷 빙수

01 ます형 응용 (2)

ます형 +	～たい	～하고 싶다	行_いきたい	가고 싶다
	～ながら	～하면서	行_いきながら	가면서

02 ～たい ～하고 싶다

早_{はや}く 帰_{かえ}りたいです。　　　　　　　　　　　　빨리 돌아가고 싶습니다.

今日_{きょう}は かき氷_{ごおり}が 食_たべたいです。　　　　　오늘은 빙수를 먹고 싶습니다.

どこへも 行_いきたくありません。　　　　　　　　아무 데도 가고 싶지 않습니다.

今_{いま}は 何_{なに}も したくありません。　　　　　　　　지금은 아무것도 하고 싶지 않습니다.

💡 희망을 나타내는 「～たい」 표현 앞에는 '～을/를'에 해당하는 조사 「を」, 「が」 모두 사용할 수 있으나, 「が」는 대상을 조금 더 강조하는 표현이 된다.

물을 마시고 싶다.	水_{みず}が 飲_のみたい。	Only 물
	水_{みず}を 飲_のみたい。	물을 포함한 음료라면 OK

新_{あたら}しいタンブラーが ほしいです。　　　　　　　새 텀블러를 갖고 싶습니다.

ハンサムな恋人_{こいびと}が ほしいです。　　　　　　　잘생긴 애인을 원합니다.

それは あまり ほしくありません。　　　　　　　그것은 별로 갖고 싶지 않습니다.

今_{いま}は 何_{なに}も ほしくありません。　　　　　　　지금은 아무것도 갖고 싶지 않습니다.

💡 희망을 나타내는 「～ほしい」 표현 앞에는 조사 「が」 (～을/를)만 사용할 수 있다.

* 「たい」, 「ほしい」의 부정형

～たくありません	=	～たくないです	～을/를 하고 싶지 않습니다.
～ほしくありません	=	～ほしくないです	～을/를 갖고 싶지 않습니다.

03　～ながら ～하면서

コーヒーでも 飲みながら 話しましょうか。

커피라도 마시면서 이야기할까요?

音楽を 聞きながら 勉強をしました。

음악을 들으면서 공부를 했습니다.

ギターを 弾きながら 歌を 歌いましょう。

기타를 치면서 노래를 부릅시다.

アイスクリームを 食べながら 待ちませんか。

아이스크림을 먹으면서 기다리지 않겠습니까?

2과 문형 활용 (p.38)

ましょう : ~합시다
ましょうか : ~할까요?
ませんか : ~하지 않겠습니까?

• Word •　早く 빨리 · 帰る 돌아가(오)다 · 今日 오늘 · かき氷 빙수 · どこへも 아무 데도, 어디에도 · 行く 가다
今 지금 · 何も 아무것도 · 新しい 새롭다 · タンブラー 텀블러 · ハンサムだ 핸섬하다 · 恋人 애인
コーヒー 커피 · ～でも ~라도 · 話す 이야기하다 · 音楽 음악 · 聞く 듣다 · 勉強 공부 · ギター 기타
弾く 치다 (연주하다) · 歌 노래 · 歌う 부르다 · アイスクリーム 아이스크림 · 待つ 기다리다

🎧 MP3 08

1 그림을 보고 〈보기〉와 같이 말해 보세요.

┌ 보기 ┐
A : 車を買いたいですか。
B1 : はい、買いたいです。
B2 : いいえ、買いたくありません。
　　（＝買いたくないです。）

(1) お酒を飲む

(2) 早く家に帰る

(3) 日本語で話す

(4) 彼女と別れる

(5) 試験に落ちる

2 다음 〈보기〉와 같이 말해 보세요.

·보기·

A : 休みの日に何をしますか。

B : 音楽を聞きながら、ドライブをします。

(1) 家で映画を見る / ゆっくり休む

(2) ピアノを弾く / 歌を歌う

(3) おいしい物を食べる / 友だちと遊ぶ

(4) 資料を見る / 会議の準備をする

·Word·　買う 사다 · 早く 빨리 · 家 집 · 帰る 돌아가(오)다 ★1 · 話す 이야기하다 · 彼女 여자친구, 그녀
別れる 헤어지다 · 試験 시험 · 落ちる 떨어지다 · 休みの日 쉬는 날 · 音楽 음악 · 聞く 듣다
ドライブ 드라이브 · ピアノ 피아노 · 弾く 치다 (연주하다) · 歌 노래 · 歌う 노래하다 · 物 것, 물건
遊ぶ 놀다 · 資料 자료 · 会議 회의 · 準備 준비

1 녹음을 듣고 문장을 완성해 보세요.

(1) 今日(きょう)は＿＿＿＿＿＿＿が＿＿＿＿＿＿＿たいです。

(2) 新(あたら)しい＿＿＿＿＿＿＿が＿＿＿＿＿＿＿です。

(3) コーヒー＿＿＿＿ ＿＿＿＿＿＿＿ながら待(ま)ちませんか。

2 녹음을 듣고 내용과 맞으면 O, 다르면 X를 표시하세요.

(1)

(O / X)

(2)

(O / X)

(3)

(O / X)

(4)

(O / X)

•Word かき氷(ごおり) 빙수 • 新(あたら)しい 새롭다 • 待(ま)つ 기다리다 • 近(ちか)く 근처 • お昼(ひる) 점심(밥) • 入学(にゅうがく) 입학

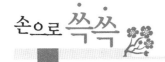

다음 문장을 일본어로 적어 보세요.

(1) 일본인 친구를 원합니다. ＿＿＿＿＿＿＿＿＿＿＿＿＿＿。

(2) 이번 주는 아무것도 하고 싶지 않습니다. ＿＿＿＿＿＿＿＿＿＿＿＿＿＿。

(3) 좋은 회사에 취직하고 싶습니다. ＿＿＿＿＿＿＿＿＿＿＿＿＿＿。

読み取り

다음을 읽고 내용과 맞으면 O, 다르면 X를 표시하세요.

らいしゅう　わたし　たんじょうび
来週は私の誕生日です。
たんじょうび
誕生日のプレゼントは、アイドルのコンサートのチケットがほしいです。チケットの予
やく　　　　　むずか
約はとても難しいからです。コンサートの後、おいしいデザートを食べに行きたいで
わたし　あま　　　　　　だいす　　　　　　　　　　にが　　　　にがて　　　　　　　　の
す。私は甘いデザートが大好きです。でも、苦いものは苦手ですから、コーヒーは飲み
たくありません。

Quiz

せんしゅう
(1) 先週アイドルコンサートへ行きました。 (O / X)

あま　　　　　　　　　た
(2) 甘いデザートを食べにいきたいです。 (O / X)

Word しゅうしょく　　　　　　　　　　　　　　　　　　　　　　　　　　　　　よやく　　　　　あと　　　　　　い
就職 취직・コンサート 콘서트・チケット 티켓・予約 예약・~後 ~후・~に行く ~하러 가다
あま　　　　　だいす　　　　　　　　　　　　　　　　　　　にが　　　　　　　　　　　にがて
甘い 달다・大好きだ 매우 좋아하다・でも 하지만・苦い 쓰다・もの ~것・苦手 서투르다

쇼핑 필수 단어

お会計
계산

売り切れ
매진

割引
할인

取り換え
교환

返品
반품

払い戻し
환불

クレジットカード
신용카드

現金
현금

お札
지폐

小銭
동전

おつり
거스름돈

レシート
영수증

色違い
다른 색

流行り
인기

お得
실속/할인(상품)

• 돈지루 •

돈지루 「豚汁(豚＋味噌汁)^{돼지고기 된장국}」는 된장국에 돼지고기와 채소를 넣어 끓인 것으로, 삼겹살 또는 갈비 등의 건더기가 많이 들어간 것이 특징이다. 각 지역의 가정마다 재료에 약간의 차이가 있지만 일반적인 재료들로 돈지루를 만들어보자.

材料 재료

豚バラ肉 얇은 삼겹살	50g	
豆腐 두부	50g	
大根 무	1センチ (1cm)	
人参 당근	2センチ (2cm)	
ねぎ 파	5センチ (3cm)	
味噌 된장	大さじ1 (큰 수저 1스푼)	
ごま油 참기름	小さじ1 (작은 수저 1스푼)	

 作り方 (만드는 법)

① 豆腐는 2センチ로 썰고, 人参은 반달 모양으로 薄切り^(얇게 썰다), 大根은 5mm 폭의 いちょう切り^(은행잎 썰기)로 자른다.

② ねぎ는 みじん切り^(잘게 썰기)로 자른다.

③ 냄비에 ごま油을 가열하고, 豚肉를 炒める^(볶다).

④ 냄비에 물을 붓고 끓이면 大根, 人参, 豆腐를 넣고 中火^(중불)에서 5分ぐらい 煮る^(익히다).

⑤ 일본식 다시다와 味噌을 풀어 넣고, 弱火^(작은 불)에서 かき混ぜて^(잘 섞으며) 味噌를 溶かす^(된장을 푼다).

⑥ 그릇에 담아 刻みねぎ^(다진 파)를 담아서 완성♬

第 4 課

ここは 住^すみやすいですね。

여기는 살기 편하군요.

Key point

とても 住^すみやすいところです。	매우 살기 편한 곳입니다.
昨日^{きのう}、飲^のみすぎました。	어제 과음했습니다.
日本語^{にほんご}は 漢字^{かんじ}の 読^よみ方^{かた}が 難^{むずか}しいです。	일본어는 한자 읽는 법이 어렵습니다.

井上　いよいよ 来週、引っ越しします。

パク　もう来週ですか。どんな ところに 引っ越しますか。

井上　とても 住みやすい ところです。

　　近くに 大きい スーパーも あるし、駅もすぐです。

パク　一人暮らしには ちょうど いいですね。

　　私も 手伝いに いきましょうか。

井上　へえ〜本当ですか。じゃ、お願いします。

▫ いよいよ 드디어
▫ 来週 다음 주
▫ 引っ越し 이사
▫ どんな 어떤

▫ ところ 곳, 장소
▫ 引っ越す 이사하다
▫ 近く 근처
▫ ～し ～(이)고

▫ 一人暮らし 혼자 사는 생활
▫ ちょうど 마침, 딱
▫ 手伝う 돕다, 거들다
▫ すぐ 바로, 곧, 즉시

이것만은 꼭꼭

01 ます형 응용 (3)

ます형+	~やすい	~하기 쉽다	飲みやすい	마시기 쉽다
	~にくい	~하기 어렵다	飲みにくい	마시기 어렵다
	~すぎる	너무(지나치게) ~하다	飲みすぎる	너무 많이 마시다
	~方	~하는 방법	飲み方	마시는 방법

02 ~やすい/にくい ~하기 쉽다/어렵다

字が 大きくて 読みやすいです。 　　글자가 커서 읽기 쉽습니다.

先生の 説明は わかりやすいです。 　　선생님 설명은 이해하기 쉽습니다.

生ものは 食べにくいです。 　　날 것은 먹기 어렵습니다.

漢字が 難しくて 覚えにくいです。 　　한자가 어려워서 외우기 어렵습니다.

03 ~すぎる 너무(지나치게) ~하다

漫画を 読みすぎました。 　　만화를 너무 많이 읽었습니다.

去年は 働きすぎました。 　　작년에는 일을 너무 많이 했습니다.

昨日、食べすぎましたか。 　　어제, 너무 많이 먹었습니까?

飲み会で お酒を 飲みすぎましたか。 　　회식에서 술을 너무 많이 마셨습니까?

💡 동사의 ます형/형용사의 어간 + 「~すぎ」(너무/지나치게 ~함)로도 사용할 수 있다.

　　동사 : 食べすぎ 과식　　飲みすぎ 과음　　買いすぎ 과소비

　　형용사 : 高すぎ 너무 비쌈　　近すぎ 너무 가까움　　静かすぎ 너무 조용함　　簡単すぎ 너무 간단함

04 ~方 ~하는 방법

漢字の読み方が 難しいです。

スパゲッティの作り方は 簡単です。

先生の教え方は とても 面白いです。

このアプリの使い方を 教えてください。

한자 읽는 법이 어렵습니다.

스파게티 만드는 법은 간단합니다.

선생님의 가르치는 법은 매우 재미있습니다.

이 앱의 사용법을 가르쳐주세요.

・Word・ 字 글자・大きい 크다・~くて ~하고, ~해서・読む 읽다・説明 설명・わかる 이해하다・生もの 날 것
漢字 한자・難しい 어렵다・覚える 외우다, 암기하다・漫画 만화・読む 읽다・去年 작년・働く 일하다
昨日 어제・飲み会 회식・お酒 술・スパゲッティ 스파게티・簡単だ 간단하다・とても 매우
面白い 재미있다・アプリ 앱 (アプリケーション의 줄임말)・教える 가르치다

🎧 MP3 11

1 그림을 보고 〈보기〉와 같이 말해 보세요.

·보기·

飲^のむ / シロップ / 粉薬^{こなぐすり}

シロップは飲^のみやすいですが、粉薬^{こなぐすり}は飲^のみにくいです。

(1) 食^たべる / ウニ / カニ

(2) 履^はく / 運動靴^{うんどうぐつ} / ハイヒール

(3) 分^わかる / この問題^{もんだい} / その問題^{もんだい}

(4) 読^よむ / 大^{おお}きい字^じ / 小^{ちい}さい字^じ

(5) 書^かく / ひらがな / カタカナ

2 다음 〈보기〉와 같이 말해 보세요.

•보기•

食_たべる / お腹_{なか}が痛_{いた}い

昨日_{きのう}、食_たべすぎました。それで、お腹_{なか}が痛_{いた}いです。

---

(1)　飲_のむ　/　具合_{ぐあい}がよくない

(2)　歌_{うた}を歌_{うた}う　/　のどが痛_{いた}い

(3)　歩_{ある}く　/　足_{あし}が痛_{いた}い

(4)　働_{はたら}く　/　頭_{あたま}が痛_{いた}い

•Word• シロップ 시럽 (약) ・ 粉薬_{こなぐすり} 가루약 ・ それで 그래서 ・ お腹_{なか} 배 ・ 痛_{いた}い 아프다 ・ 具合_{ぐあい} 상태
よくない 좋지 않다 (いい의 부정형) ・ のど 목 (구멍) ・ 足_{あし} 발, 다리 ・ 働_{はたら}く 일하다 ・ 頭_{あたま} 머리

🎧 MP3 12

1 녹음을 듣고 문장을 완성해 보세요.

(1) 日本語の新聞は _____ です。

(2) 昨日、飲み会でお酒を _____ 。

(3) 漢字の _____ は難しいです。

2 녹음을 듣고 그림과 내용이 맞으면 O, 다르면 X를 표시하세요.

(1)

(O / X)

(2)

(O / X)

(3)

(O / X)

(4)

(O / X)

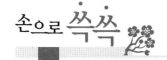

다음 문장을 일본어로 적어 보세요.

(1) 과소비를 했습니다. _____。

(2) 이 약은 먹기 힘듭니다. _____。

(3) 만드는 법은 간단합니다. _____。

다음을 읽고 내용과 맞으면 O, 다르면 X를 표시하세요.

令和X1年 4月 9日 水曜日 晴れ

いよいよ来週の土曜日、引っ越しをします。家の近くには大きいスーパー、おいしいラーメン屋、ベーカリー、カフェなどがあります。家からバス停も駅も近いです。とても住みやすいところです。日曜日には、お皿とカーテンなどを買いに行きます。

・Quiz

(1) 来週引っ越して、お皿とカーテンを買いにいきます。　　（ O / X ）

(2) 家から駅は近いですが、バス停は近くありません。　　（ O / X ）

・Word 令和 2019년 5월 1일부터 사용하는 일본 연호 중 하나・晴れ 맑음・いよいよ 드디어・引っ越し 이사
ラーメン屋 라면 가게・ベーカリー 베이커리・カフェ 카페・バス停 버스정류장・住む 살다
お皿 접시・カーテン 커튼・~など ~등・買う 사다

신체 부위별 단어

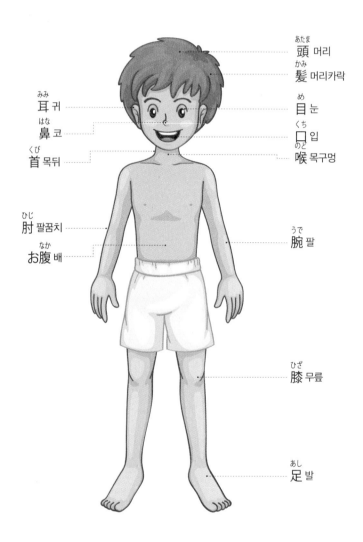

あたま
頭 머리

かみ
髪 머리카락

みみ
耳 귀

はな
鼻 코

くび
首 목뒤

め
目 눈

くち
口 입

のど
喉 목구멍

ひじ
肘 팔꿈치

なか
お腹 배

うで
腕 팔

ひざ
膝 무릎

あし
足 발

一休み

음식 톡톡

• 나나쿠사가유 •

나나쿠사가유 「七草粥 ななくさがゆ 7가지 나물 죽」는 1월 7일 아침에 7가지 종류의 나물을 넣고 끓여 먹는 죽이다. 한 해 동안 가족의 건강과 무병장수를 기원하는 데서 유래하여, 나물들이 각각 '감기 예방, 기침, 위장, 복통' 등에 도움을 주어 설 연휴 동안 과식이나 과음 등으로 피곤해진 속을 달래기 위한 명절 행사 음식이다.

나나쿠사가유에 들어가는 재료

せり
미나리

はこべら
광대나물

なずな
냉이

ほとけのざ
별꽃

ごぎょう
쑥

すずしろ
무

すずな
순무

右_{みぎ}に曲_まがってください。

오른쪽으로 돌아주세요.

Key point

6時_じに起_おきて、ジムに行_いきます。	6시에 일어나서 헬스장에 갑니다.
今日_{きょう}はゆっくり休_{やす}んでください。	오늘은 푹 쉬세요.
その歌_{うた}の歌手_{かしゅ}を教_{おし}えてください。	그 노래의 가수를 알려주세요.

🎧 MP3 13

通行人（つうこうにん）　あの、すみません。

2号線（ごうせん）に乗（の）りたいですけど、ホンデ駅（えき）はどうやって

行（い）きますか。

ユン　あ～ここから歩（ある）いてすぐですよ。

あそこを右（みぎ）に曲（ま）がってください。すぐ見（み）えます。

通行人（つうこうにん）　ありがとうございます。

ヨイド 駅（えき）まで行（い）きますけど、2号線（ごうせん）が速（はや）いですか。

ユン　ヨイド駅（えき）は9号線（ごうせん）ですから、ダンサン駅（えき）で1回（かい）乗（の）り

換（か）えてください！

通行人（つうこうにん）　はい、ダンサン駅（えき）で乗（の）り換（か）えますね。

ありがとうございます。

Word

- 通行人（つうこうにん） 통행인
- 2号線（ごうせん） 2호선
- ～に乗（の）る ～를 타다
- どうやって 어떻게 해서

- 歩（ある）く 걷다
- 右（みぎ） 오른쪽
- 曲（ま）がる 돌다
- すぐ 바로, 곧, 즉시

- 見（み）える 보이다
- 速（はや）い 빠르다
- 乗（の）り換（か）える 갈아타다, 환승하다

이것만은 꼭꼭

01 동사의 て형 ~하고/~해서

1그룹	① ~く → ~いて ～ぐ → ~いで	書く → 書いて
		脱ぐ → 脱いで
	② ～ぬ ～ぶ → ~んで ～む	死ぬ → 死んで
		遊ぶ → 遊んで
		飲む → 飲んで
	③ ～う ～つ → ~って ～る	買う → 買って
		待つ → 待って
		送る → 送って
	④ ～す → ~して	話す → 話して
	＊ 예외	行く → 行って
2그룹	① ～る ＋ ② い, え단 ・～る → て	みる → 見て
		たべる → 食べて
		おきる → 起きて
3그룹	する → して くる → きて	勉強する → 勉強して
		来る → 来て

💡 い형용사 : ~くて　　ここは安くておいしいです。　　여기는 싸고 맛있습니다.

な형용사 : ~で　　　ここは静かで景色がすてきです。　　여기는 조용하고 경치가 멋집니다.

명사 : ~で　　　　ワンさんは中国人で、モデルです。　　왕 씨는 중국인이고, 모델입니다.

02 ～てください ～해 주세요

ちょっと待^まってください。　　　　　잠깐 기다려 주세요.

今日^{きょう}はゆっくり休^{やす}んでください。　　오늘은 푹 쉬세요.

韓国^{かんこく}へ遊^{あそ}びに来^きてください。　　한국에 놀러 오세요.

て형 활용 연습

① 歌^{うた}う 노래하다	→	⑥ 呼^よぶ 부르다	→
② 帰^{かえ}る 돌아가(오)다	→	⑦ 来^くる 오다	→
③ 歩^{ある}く 걷다	→	⑧ 曲^まがる 돌다	→
④ 渡^{わた}る 건너다	→	⑨ 泳^{およ}ぐ 헤엄치다	→
⑤ 行^いく 가다	→	⑩ 乗^のる 타다	→

（거꾸로 인쇄된 정답）

Word · 書^かく 쓰다 · 脱^ぬぐ 벗다 · 死^しぬ 죽다 · 遊^{あそ}ぶ 놀다 · 飲^のむ 마시다 · 買^かう 사다 · 待^まつ 기다리다 · 送^{おく}る 보내다
話^{はな}す 이야기하다 · 勉強^{べんきょう}する 공부하다 · 来^くる 오다 · 安^{やす}い 싸다 · 静^{しず}かだ 조용하다 · 景色^{けしき} 경치
すてきだ 멋지다 · ゆっくり 푹, 천천히 · 休^{やす}む 쉬다

🎧 MP3 14

1 그림을 보고 〈보기〉와 같이 말해 보세요.

> ·보기·
>
> A：昨日は何をしましたか
> B：友だちに会って、映画を見ました。

(1)　週末 / 会社へ行く / 残業をする

(2)　先週 / 引っ越しをする / 片づける

(3)　休みに / 近くの公園へ行く / 自転車に乗る

(4)　昨日 / お酒を飲む / カラオケに行く

(5)　日曜日 / ネッフリを見る / ゆっくり休む

2 다음 〈보기〉와 같이 말해 보세요.

─ 보기 ─

日本語で話してください。
にほんご　はな

(1) ここで右に曲がる
みぎ　ま

(2) メールを送る
おく

(3) 早く来る
はや　く

(4) 横断歩道を渡る
おうだん ほ どう　わた

～に会う ～을/를 만나다・週末 주말・残業 잔업・先週 지난주・引っ越し 이사・片づける 정리하다
あ　　　　　　　　　　しゅうまつ　　ざんぎょう　　せんしゅう　　　ひ　こ　　　　　　　　かた
休み 휴일, 휴가, 방학・近く 근처・自転車 자전거・～に乗る ～을/를 타다・ゆっくり 푹, 천천히
やす　　　　　　　　　　ちか　　　　じてんしゃ　　　　　　の
ネッフリ 넷플릭스 (ネットフリックス의 줄임말)・休む 쉬다・右 오른쪽・～に曲がる ～(으)로 돌다
やす　　　　　　みぎ　　　　　　　ま
送る 보내다・横断歩道 횡단보도・渡る 건너다
おく　　　おうだん ほ どう　　わた

1 녹음을 듣고 문장을 완성해 보세요.

(1) ここに名前を＿＿＿＿＿＿＿＿＿＿＿＿＿＿＿＿＿。

(2) バスに＿＿＿＿＿＿学校へ＿＿＿＿＿＿＿＿＿＿＿＿。

(3) ランチを ＿＿＿＿＿＿、薬を＿＿＿＿＿＿＿＿＿＿＿＿。

2 녹음을 듣고 그림의 하루 일과를 순서대로 나열해 보세요.

(   ) → (   ) → (   ) → (   )

(1)

(2)

(3)

(4)

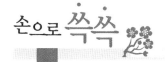

다음 문장을 일본어로 적어 보세요.

(1) 매일 단어를 외우세요. (覚える)　＿＿＿＿＿＿＿＿＿＿＿＿＿＿＿＿＿＿。

(2) 친구를 만나서 영화를 보았습니다.　＿＿＿＿＿＿＿＿＿＿＿＿＿＿＿＿＿＿。

(3) 똑바로 가 주세요. (まっすぐ)　＿＿＿＿＿＿＿＿＿＿＿＿＿＿＿＿＿＿。

다음을 읽고 내용과 맞으면 O, 다르면 X를 표시하세요.

私は最近、週3回ジムに行きます。月曜日と水曜日、金曜日は、6時に起きて、すぐジムに行きます。プログラムの中にヨガやピラティスもありますから、とてもいいです。1時間ほどして、シャワーを浴びてすぐ会社に行きます。筋トレよりはヨガやピラティスの方がまだおもしろいです。おかげで一か月で3キロもやせました。皆さんもぜひXXXに来てください。一緒に楽しく運動しましょう。

・Quiz

(1) ジムは家から近いです。 　　　　　　　　　　　　(O / X)

(2) 筋トレで一か月で3キロもやせました。 　　　　　　(O / X)

・Word 覚える 외우다, 암기하다 ・ まっすぐ 똑바로 ・ 週 (1)주 ・ ～回 ～회 ・ ジム 헬스장 ・ すぐ 바로 ・ ヨガ 요가
ピラティス 필라테스 ・ ほど 정도 ・ シャワーを浴びる 샤워를 하다 ・ 筋トレ 근육운동 (筋肉トレーニング의 줄임말)
まだ 아직 ・ おかげで 덕분에 ・ 一か月 1개월 ・ ～も ～(만큼이)나 ・ やせる 마르다, 살이 빠지다
皆さん 여러분 ・ ぜひ 꼭 ・ 一緒に 함께, 같이 ・ 楽しく 즐겁게

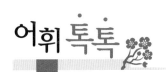

요리 동사

き 切る 자르다	きざ 刻む 잘게 다지다	に 煮る 조리다	ゆ 茹でる 삶다
いた 炒める 볶다	や 焼く 굽다	む 蒸す 찌다	あ 揚げる 튀기다
ま 混ぜる 섞다	わ 沸かす 물을 끓이다	ひ 冷やす 차게 하다	あたた 温める(チンする) 데우다

き ななめに切ってください。	어슷하게 썰어(잘라) 주세요.
きざ 刻んでください。	잘게 썰어 주세요.
じかん ゆ 1時間ほど茹でてください。	1시간 정도 삶아 주세요.
よわび に 弱火で煮てください。	약한 불로 조려 주세요.
よくまぜてください。	잘 섞어 주세요.
ゆ わ お湯を沸かしてください。	물을 끓여 주세요.
あたた 温めて(チンして)ください。	데워 주세요.

(チンする : 전자 레인지로 데울 때 다 데워지면 '칭(チン)~'하는 소리가 나서 '데우다'를 「チンする」라고도 한다.)

• 스시 (2) •

일본 여행 중 필수 코스인 스시 「寿司 _{す し} 초밥」 가게에서 바로 활용할 수 있는 필수 표현을 익혀보자.

(1) 가게에 들어가자마자

二人_{ふたり}です。 2명입니다.   (* 一人_{ひとり}、二人_{ふたり}、三人_{さんにん}、四人_{よにん}、五人_{ごにん} …)

(2) 주문할 때

サーモン、一つ_{ひと}ください。   연어, 1개 주세요.

* 中とろ_{ちゅう} 참치뱃살、ブリ 방어、イワシ 정어리、あなご 붕장어、うなぎ 뱀장어、甘エビ_{あま} 붉은 새우、
うに 성게、ひらめ 넙치、あわび 전복、納豆軍艦_{なっとうぐんかん} 낫또 군함、かっぱ巻き_ま 오이 김초밥、鉄火巻き_{てっか ま} 참치 김초밥、
ネギトロ 다진 참치 파 초밥

* 一つ_{ひと}、二つ_{ふた}、三つ_{みっ}、四つ_{よっ}、五つ_{いつ}

(3) 와사비(고추냉이)와 물수건을 부탁할 때

わさびは抜いて_ぬください。   와사비는 빼 주세요.

おしぼり、もらえますか。   물수건 받을 수 있습니까?

(4) 메뉴 이름을 물어볼 때

すみません、これは何_{なん}ですか。   저, 이것은 무엇입니까?

(5) 감상을 말할 때

おいしいです。 맛있습니다.   ごちそうさまでした。 잘 먹었습니다.

(6) 계산하고 싶을 때

お会計_{かいけい}お願い_{ねが}します。   계산 부탁합니다.

<ruby>今<rt>いま</rt></ruby>、<ruby>何<rt>なに</rt></ruby>をしていますか。

지금, 무엇을 하고 있습니까?

Key point

<ruby>毎日<rt>まいにち</rt></ruby>、<ruby>運動<rt>うんどう</rt></ruby>をしています。	매일, 운동을 하고 있습니다.
<ruby>日本<rt>にほん</rt></ruby>の<ruby>会社<rt>かいしゃ</rt></ruby>に<ruby>勤<rt>つと</rt></ruby>めています。	일본 회사에 다닙니다.
<ruby>一緒<rt>いっしょ</rt></ruby>に<ruby>行<rt>い</rt></ruby>くかもしれません。	같이 갈지도 모르겠습니다.

ワン　　こんにちは。何をしていますか。

井上　　こんにちは。来週、発表だから、その準備をしています。

ワンさんはいつ発表ですか。

ワン　　私は来月末だから、まだ…。

井上　　へえ、いいですね。

ワン　　あの… 忙しいのに、すみません。

これをちょっと見てください。

ダウンロードしていますが、うまくいきません。

有料かもしれません。

井上　　ああ、これ？ 学校のサイトのここに入って、

このボタンを押してダウンロード。

ワン　　あ、ここですね。ありがとうございます。

助かりました。

Word

- 発表 발표
- 명사 + だ + から ～때문에
- 準備 준비
- 来月末 다음 달 말
- まだ 아직

- 忙しい 바쁘다
- ～のに ～인데
- うまくいく 잘 되다
- 有料 유료
- 入る★1 들어가(오)다

- ボタン 버튼
- 押す 누르다
- ダウンロード 다운로드
- 助かる 도움이 되다

01 ~ている ~하고 있다 [진행]

そうじ
掃除をします。
청소를 하겠습니다.

→

そうじ
掃除を**しています**。
청소를 하고 있습니다.

→

そうじ
掃除をしました。
청소를 했습니다.

としょかん　　　　　　　　　か
図書館でレポートを 書いています。　　　　도서관에서 리포트를 쓰고 있습니다.

とも　　　えいが　み
友だちと映画を見ています。　　　　　　친구와 영화를 보고 있습니다.

いま　　うんどう
今、運動をしています。　　　　　　　　지금 운동을 하고 있습니다.

02 ~ている ~하고 있다 [습관·계속]

まいあさ　じはん　　　うんどう
毎朝6時半から運動をしています。　　　매일 아침 6시 반부터 운동을 하고 있습니다(합니다).

えいご　じゅく　かよ
英語の塾に通っています。　　　　　　　영어 학원에 다니고 있습니다(다닙니다).

ぎんこう　つと
銀行に勤めています。　　　　　　　　　은행에 근무하고 있습니다(근무합니다).

💡 まいにち　　まいあさ
「毎日」,「毎朝」처럼 항상 반복적으로 하는 습관이나 직업을 말할 때 사용하는 표현이다!

03 **~かもしれない** ~(일)지도 모른다

명사	명사 + かもしれません	^{がくせい}学生かもしれません。 학생일지도 모릅니다.
な형용사	~だ + かもしれません	^{ゆうめい}有名かもしれません。 유명할지도 모릅니다.
い형용사	~い + かもしれません	^{たか}高いかもしれません。 비쌀지도 모릅니다.
동사	기본형 + かもしれません	^い行くかもしれません。 갈지도 모릅니다.

^{あめ ふ}
雨が降るかもしれません。　　　　　　　　비가 올지도 모릅니다.

^{きょう ひと おお}
今日は人が多いかもしれません。　　　　　오늘은 사람이 많을지도 모릅니다.

^{ほんとう}
本当かもしれません。　　　　　　　　　　진짜일지도 모릅니다.

💡 친한 사이에서는 「~かも」(~일지도 몰라, ~일지도 모르겠다)만 사용할 수도 있다!

• Word • ^{そうじ}掃除をする 청소를 하다 · ^{としょかん}図書館 도서관 · ^か書く 쓰다 · ^{まいあさ}毎朝 매일 아침 · ^{じゅく}塾 학원 · ^{かよ}~に通う ~에 다니다
^{つと}~に勤める ~에 근무하다 · ^{あめ}雨 비 · ^ふ降る (비, 눈) 내리다 · ^{ほんとう}本当 정말

입에 착착 🌸

1 그림을 보고 〈보기〉와 같이 말해 보세요.

> **・보기・**
>
> A : 今、何をしていますか。
> B : 図書館で勉強をしています。

(1)　　部屋　/　音楽を聞く

(2)　　塾　/　ピアノを弾く

(3)　　居酒屋　/　お酒を飲む

(4)　　ジム　/　運動する

(5)　　家　/　夕飯を作る

2 다음 〈보기〉와 같이 말해 보세요.

・보기・

明日は雪が降る<u>かもしれません</u>。

(1) この問題はちょっと難しい

(2) 意外と辛い物が好きだ

(3) 来週の会議に社長も来る

(4) あの選手がもっと上手だ

Word 部屋 방・音楽 음악・聞く 듣다・塾 학원・弾く 치다, 연주하다・夕飯 저녁밥・作る 만들다・雪 눈
問題 문제・意外と 의외로・辛い物 매운 것・社長 사장님・選手 선수・もっと 좀 더・上手だ 잘하다

귀에 쏙쏙

聞き取り

🎧 MP3 18

1 녹음을 듣고 문장을 완성해 보세요.

(1) 友_{とも}だちとコーヒーを _____。

(2) 小松先生_{こ まつせんせい}も _____。

(3) 最近_{さいきん}、日本料理_{に ほんりょう り}を _____。

2 녹음을 듣고 내용과 그림이 맞으면 O, 다르면 X를 표시하세요.

(1)

(O / X)

(2)

(O / X)

(3)

(O / X)

(4)

(O / X)

다음 문장을 일본어로 적어 보세요.

(1) 지금 무엇을 하고 있습니까? 　　　　　　　　　　　　　　　　　。

(2) 매주, 그림을 그립니다. 　　　　　　　　　　　　　　　　　。

(3) 좋을지도 모르겠습니다. 　　　　　　　　　　　　　　　　　。

読み取り 鳥

다음을 읽고 내용과 맞으면 O, 다르면 X를 표시하세요.

私は今年、大学に入学して、友だちと一緒に江南に住んでいます。友だちの大学も私の大学の近くにあります。朝ごはんはほとんど食べませんが、夕飯は一緒に食べています。新学期だから忙しいですが、週末は英語も習っています。友だちにも英語の塾を紹介しました。来月からは一緒に通うかもしれません。

・Quiz

(1) 友だちと一緒に住んでいます。　　　　　　　　(O / X)

(2) 夕飯は友だちと食べています。　　　　　　　　(O / X)

・Word　毎週 매주・絵を描く 그림을 그리다・今年 올해・入学 입학・～に住む ~에 살다・近く 근처
ほとんど 거의 (+ 부정)・夕飯 저녁밥・新学期 새 학기・習う 배우다・塾 학원・紹介 소개・来月 다음 달
～に通う ~에 다니다

취미

テニス
테니스

サッカー
축구

野球
야구

茶道
다도

生け花
꽃꽂이

書道
서도, 서예

油絵
유화

山登り
등산

英会話
영어회화

映画鑑賞
영화 감상

スポーツジム
스포츠센터

パン作り
빵 만들기

クッキー作り
쿠키 만들기

刺しゅう
자수

インターネット
인터넷

· 규동 ·

규동「牛丼 _{소고기 덮밥}」은 가쓰오부시, 다시마, 멸치 등을 끓여서 우려낸 다시국물에 익힌 소고기를 채소와 함께 얹어 먹는 일본식 덮밥으로, 체인점이 많고 가격도 비싸지 않아서 남녀노소 누구나 즐기는 음식 중 하나이다. 자동판매기를 보며 규동을 바로 주문해보자.

このボタンを押してください。 이 버튼을 눌러주세요.

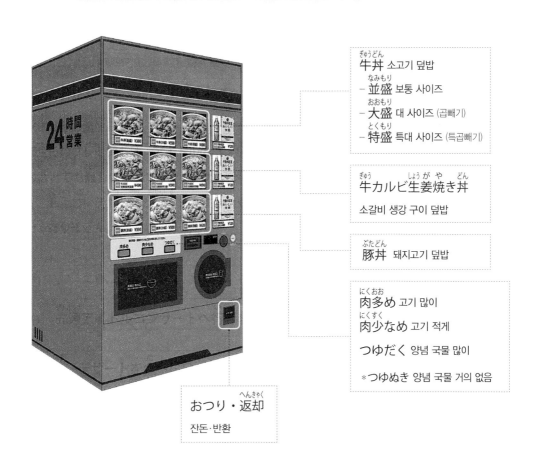

牛丼 소고기 덮밥
- 並盛 보통 사이즈
- 大盛 대 사이즈 (곱빼기)
- 特盛 특대 사이즈 (특곱빼기)

牛カルビ生姜焼き丼
소갈비 생강 구이 덮밥

豚丼 돼지고기 덮밥

肉多め 고기 많이
肉少なめ 고기 적게
つゆだく 양념 국물 많이
*つゆぬき 양념 국물 거의 없음

おつり・返却
잔돈·반환

サングラスをかけている人は誰ですか。

선글라스를 쓴 사람은 누구입니까?

ペンが落ちています。	펜이 떨어져 있습니다.
着物を着ている人は誰ですか。	기모노를 입고 있는 사람은 누구입니까?
私もやってみたいです。	저도 해 보고 싶습니다.

회화

パク　佐藤さん、財布が落ちていますよ。

佐藤　えっ、ありがとうございます。

（財布の中の写真を見せている）

家族写真ですが、見ますか。

パク　この着物を着ている方がお母さんですか。

佐藤　はい、母です。

パク　佐藤さんはお母さんに似ていますね。

佐藤　そうでしょう。弟は父にそっくりですよ。

Word

- 誰 누구
- やる 하다
- 財布 지갑
- 落ちる 떨어지다
- 見せる 보여주다

- ～よ (상대방에게 알려주는 내용을 강조할 때 사용하는 종조사)
- 着物 기모노
- 着る 입다
- ～方 ～분

- ～に似ている ～을/를 닮다
- ～ね ～군요 (동의/공감을 구할 때 사용하는 종조사)
- ～でしょう ～죠? (상승 억양)
- そっくりだ 꼭 닮음

이것만은 꼭꼭

01 ~ている ① ~하고 있다, ② ~져 있다, ③ ~했다 [상태]

① この曲を知っていますか。　　　　　이 곡을 알고 있습니까?

　 デジカメを持っていますか。　　　　디카를 갖고 있습니까?

② ドアが開いています。　　　　　　문이 열려 있습니다.

　 ペンが落ちています。　　　　　　펜이 떨어져 있습니다.

③ 橋本さんは結婚していますか。　　　하시모토 씨는 결혼했습니까?

　Q. ご飯は食べましたか。　　　　　밥은 먹었습니까?

　A. いいえ、まだ食べていません。　　아직 안 먹었습니다.

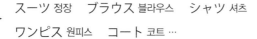

～ている人 : ~하고 있는 사람

スーツ 정장　ブラウス 블라우스　シャツ 셔츠
ワンピス 원피스　コート 코트 …

かぶる: 帽子 모자

かける: 眼鏡 안경　サングラス 선글라스

しめる: ネクタイ 넥타이　ベルト 벨트

する: 指輪 반지　ネックレス 목걸이
　　　ピアス 귀걸이 …

着る 입다

はく 입다 신다

ズボン 바지　スカート 스커트　靴 구두　靴下 양말
スニーカー 운동화　ハイヒール 하이힐 …

02 ~てみる ~해 보다

^{あと}^{いっしょ}^い
後で一緒に行ってみませんか。

나중에 같이 가 보지 않겠습니까?

^{せんせい}^き
それは先生に聞いてみましょう。

그것은 선생님에게 물어봅시다.

^{わたし}^た
私も食べてみたいです。

저도 먹어보고 싶습니다.

> ~ませんか ~하지 않겠습니까?
> ~ましょう ~합시다
> ~たい   ~하고 싶다

1 그림을 보고 문장을 완성하여 말해 보세요.

(1) 赤い帽子

(6) 黒い帽子

(2) ネックレス

(7) 眼鏡

(3) 半そで

(8) ネクタイ

(4) 青いズボン

(9) スーツ

(5) スニーカー

(10) 靴

2 　다음 〈보기〉와 같이 말해 보세요.

> **•보기•**
>
> A : 一人で作ってみました。
> 　　(ひとり) (つく)
>
> B : 私も作ってみたいです。
> 　　(わたし) (つく)

(1)　行く
　　　(い)

(2)　食べる
　　　(た)

(3)　乗る
　　　(の)

(4)　着る
　　　(き)

1 녹음을 듣고 문장을 완성해 보세요.

(1) ピラティスを＿＿＿＿＿＿＿＿＿＿＿＿＿＿＿＿＿＿＿＿。

(2) この本^{ほん}は＿＿＿＿＿＿＿＿＿＿＿＿＿＿＿＿＿＿＿＿＿。

(3) ＿＿＿＿＿＿＿＿＿＿＿＿＿＿＿＿＿＿＿が私^{わたし}です。

2 녹음을 듣고 그림과 일치하는 사람을 찾아보세요.

(1) 鈴木^{すずき}さん (　　　　)　　　　(2) 田中^{たなか}さん (　　　　)

(3) ワンさん (　　　　)　　　　(4) カンさん (　　　　)

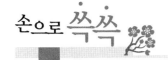

다음 문장을 일본어로 적어 보세요.

(1) 양복을 입고 있습니다.　　　　　　　　＿＿＿＿＿＿＿＿＿＿＿＿＿＿。

(2) 저도 만들어 보고 싶습니다.　　　　　　＿＿＿＿＿＿＿＿＿＿＿＿＿＿。

(3) 안경을 쓰고 있는 사람은 누구입니까?　＿＿＿＿＿＿＿＿＿＿＿＿＿＿。

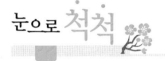

読み取り 开

다음을 읽고 내용과 맞으면 O, 다르면 X를 표시하세요.

この写真は去年、家族旅行で大阪に行って撮りました。
四人家族で、妻と息子が二人います。私は貿易会社に勤め
ています。妻は大学院に通っています。長男は高校2年生
で、次男は小学校5年生です。帽子をかぶっている人が長男
で、眼鏡をかけている人が次男です。今度の休みには京都
や奈良にも行ってみたいです。

Quiz

(1) 去年、家族と一緒に日本へ行きました。　　　　(O / X)

(2) 妻は高校の先生です。　　　　　　　　　　　　(O / X)

Word　写真 사진 ・ 去年 작년 ・ 撮る 찍다 ・ 妻 아내 ・ 息子 아들 ・ 貿易会社 무역회사 ・ ~に勤める ~에 근무하다
大学院 대학원 ・ ~に通う ~에 다니다 ・ 長男 장남 ・ 高校 고등학교 ・ ~年生 ~학년 ・ 次男 차남
小学校 초등학교 ・ 今度 이번 (가까운 과거/미래), 다음 ・ ~にも ~에도

가족 소개하기

보기

> A : この方は娘さんですか。
> B : はい、娘です。大学に通っています。

銀行 ぎんこう	은행	市役所 しやくしょ	시청	
病院 びょういん	병원	旅行会社 りょこうがいしゃ	여행사	**〜に勤める** っと 〜에 근무하다
研究所 けんきゅうじょ	연구소	運送会社 うんそうがいしゃ	운송회사	
税務署 ぜいむしょ	세무서	保険会社 ほけんがいしゃ	보험사	
幼稚園 ようちえん	유치원	高校 こうこう	고등학교	
小学校 しょうがっこう	초등학교	大学 だいがく	대학교	**〜に通う** かよ 〜에 다니다
中学校 ちゅうがっこう	중학교	大学院 だいがくいん	대학원	

• 오코노미야키 •

오코노미야키「お好み焼き 일본식 빈대떡」는 우리나라 빈대떡과 비슷한 모습으로, 밀가루 반죽에 고기와 야채 등을 넣고 철판에 구운 일본식 철판 부침요리이다. 일본뿐만 아니라 우리나라에서도 많은 사랑을 받고 있는 오코노미야키를 만들어보자.

材料 재료

好きなトッピングを2つお選びください。
좋아하는 토핑을 2가지 고르세요.

ブタ 돼지	たまご 달걀
イカ 오징어	チーズ 치즈
モチ 떡	牛スジ 소 힘줄
きのこ 새송이버섯	そば玉 생면 사리
スナックラーメン 라면 사리	

🌸 作り方 (만드는 법)

① 生地の中にトッピングを入れて　　　반죽 안에 토핑을 넣어서

② ぐるぐる～っとまぜて　　　　　　　빙빙 섞어서

③ 油をしいた鉄板に生地をおとします。　기름을 두른 철판에 반죽을 붓습니다.

④ まるく形を整えて　　　　　　　　　동그란 모양으로 다듬어

⑤ 5分たったらひっくり返して　　　　5분 지나면 뒤집어주고

⑥ また5分焼いてひっくり返したら　　또 5분 구워서 뒤집어주면

⑦ 最後に5分待ってソースをかけて　　마지막에 5분 기다렸다가 소스를 부어서

⑧ マヨネーズをかけたら完成 ♬　　　마요네즈를 부으면 완성 ♬

友<ruby>とも</ruby>だちを連<ruby>つ</ruby>れてきてもいいですか。

친구를 데리고 와도 됩니까?

Key point

ここで写真<ruby>しゃしん</ruby>を撮<ruby>と</ruby>ってもいいですか。	여기에서 사진을 찍어도 됩니까?
タバコを吸<ruby>す</ruby>ってはいけません。	담배를 피우면 안 됩니다.
全部<ruby>ぜんぶ</ruby>食<ruby>た</ruby>べてしまいました。	전부 다 먹어 버렸습니다.

회화

MP3 22

医者〈いしゃ〉　どうしましたか。

パク　先週〈せんしゅう〉から右〈みぎ〉の手首〈てくび〉がずっと痛〈いた〉くて…。

医者〈いしゃ〉　何〈なに〉かありましたか。

パク　あの、テニスをしていますけど、そのせいですかね。

医者〈いしゃ〉　そうですね。軽〈かる〉いねんざです。

テニスは少〈すこ〉し休〈やす〉んでください。

パク　はい。お風呂〈ふろ〉に入〈はい〉ってもいいですか。

医者〈いしゃ〉　シャワーはいいですけど、お風呂〈ふろ〉に入〈はい〉ってはいけません。

薬〈くすり〉を三日分〈みっかぶん〉出〈だ〉しますから、金曜日〈きんようび〉にまた来〈き〉てください。

パク　はい、わかりました。

Word

▫ どうしましたか。
어디가 불편합니까?

▫ 手首〈てくび〉 손목

▫ ずっと 계속

▫ 痛〈いた〉い 아프다

▫ 何〈なに〉か 무언가

▫ せい 이유, 탓

▫ 軽〈かる〉い 가볍다

▫ ねんざ 삠, 염좌

▫ 三日分〈みっかぶん〉 (약) 3일 치

▫ 薬〈くすり〉を出〈だ〉す 약을 처방하다

이것만은 꼭꼭

01 **~ても(でも)いい** ~해도 좋다, ~해도 된다 [허가]

ここでタバコを吸ってもいいですか。   여기에서 담배를 피워도 됩니까?

この辞書、少し借りてもいいですか。   이 사전, 좀 빌려도 됩니까?

少し休んでもいいですか。   조금 쉬어도 됩니까?

02 **~ては(では)いけない** ~해서는 안 된다 [금지]

ここで写真を撮ってはいけません。   여기에서 사진을 찍어서는 안 됩니다.

あそこで遊んではいけません。   저기에서 놀면 안 됩니다.

授業中に居眠りをしてはいけません。   수업 중에 졸면 안 됩니다.

💡 〈대답 표현〉

긍정 : はい、(~ても)いいですよ。   네, 됩니다.

        はい、どうぞ。   네, 그러세요.

부정 : いいえ、(~ては)だめです/いけません。   아니오, 안 됩니다.

        すみません、それはちょっと…。   죄송합니다, 그건 좀….

03 ~て(で)しまう ~해 버리다

結局、全部飲んでしまいました。　　　　　　결국, 전부 다 마셔 버리고 말았습니다.

昨日飲みすぎて、お腹を壊してしまいました。　어제 과음해서, 배탈이 나 버렸습니다.

寝坊して遅れてしまいました。　　　　　　　늦잠 자서 늦어버렸습니다.

.

Word タバコを吸う 담배를 피우다・辞書 사전・借りる 빌리다・お風呂に入る 목욕하다 ★1・授業中 수업 중
居眠りをする 앉아서 졸다・結局 결국・お腹を壊す 배탈 나다・寝坊する 늦잠 자다・遅れる 늦다

🎧 MP3 23

1 그림을 보고 〈보기〉와 같이 말해 보세요.

┌─ 보기 ─────────────────────────────┐
│ A : 明日、会社を休んでもいいですか。
│ B1 : はい、休んでもいいです。
│ B2 : いいえ、休んではいけません。
└────────────────────────────────┘

(1)　　ここに座る

(2)　　友だちを連れてくる

(3)　　窓を開ける

(4)　　ここに車を止める

(5)　　私も使ってみる

2 다음 〈보기〉와 같이 말해 보세요.

> ┌ 보기 ┐
>
> A : どうしたんですか。
> B : 寝坊して遅れてしまいました。

(1) デジカメを壊す

(2) 長い小説を一気に読む

(3) 書類をなくす

(4) お金をズボンと一緒に洗濯機で洗う

• Word • 連れてくる 데리고 오다 • 窓を開ける 창문을 열다 • 車を止める 차를 세우다 • 使う 사용하다

どうしたんですか 무슨 일이에요?, 왜 그래요? • 壊す 부수다, 망가뜨리다 • 小説 소설 • 一気に 한 번에

書類 서류 • なくす 잃어버리다 • 洗濯機で洗う 세탁기로 빨다

1 녹음을 듣고 문장을 완성해 보세요.

(1) エレベーターで＿＿＿＿＿＿＿＿＿＿＿＿＿＿＿＿＿。

(2) 先(さき)に＿＿＿＿＿＿＿＿＿＿＿＿＿＿＿＿＿。

(3) たくさん＿＿＿＿＿＿＿＿＿＿＿＿＿＿＿＿＿。

2 녹음을 듣고 그림이 가능하면 O, 가능하지 않으면 X를 표시하세요.

(1)

(O / X)

(2)

(O / X)

(3)

(O / X)

(4)

(O / X)

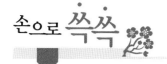

다음 문장을 일본어로 적어 보세요.

(1) 여기에 차를 세우면 안됩니다.　_____ 。

(2) 같이 사진을 찍어도 됩니까?　_____ 。

(3) 어제도 늦게까지 먹고 말았습니다.　_____ 。

読み取り

다음을 읽고 내용과 맞으면 O, 다르면 X를 표시하세요.

昨日、授業が終わって美香さんとチェさんと居酒屋へ行きました。まず、生ビールを飲んで、お好み焼きや鍋などのおつまみをたくさん頼みました。私は最近ダイエット中ですけど、お酒もおつまみもおいしくて食べすぎてしまいました。今朝、10時から発表でしたけど、朝寝坊をして遅れてしまいました。発表やテストの前の日には、お酒を飲みすぎてはいけないと思いました。

• Quiz •

(1) 昨日、飲みすぎて、今朝遅く起きました。　　　　　　　（ O / X ）

(2) 今日の発表は美香さんとチェさんと一緒にしました。　　（ O / X ）

• Word • おつまみ 안주 · 頼む 부탁하다 · 今朝 오늘 아침 · 発表 발표 · ～と思う ～라고 생각하다

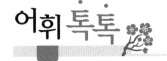
약 봉지

のみぐすり

_____様^{さま}

＜のみかた＞ ___1___ 日^{にち} ___3___ 回^{かい} ___3___ 日分^{ぶん}

〈복용법〉1일 3회 3일분

＜一回^{いっかい}の量^{りょう}　1회 복용량 ＞

錠剤^{じょうざい}　알약　　　　　　　___1 錠^{じょう}　　　정

粉薬^{こなぐすり}　가루약　　　　　___1 包^{つつみ}　　　포

カプセル 캡슐　　　　　　　___1 個^こ　　　개

食後^{しょくご} 식후　　　　　食前^{しょくぜん} 식전　　　　　食間^{しょっかん} 식간

食後^{しょくご}2時間^{じかん} 식후 2시간　寝^ねる前^{まえ} 취침 전

데자또「デザート 디저트」는 식후 다과로, 일본 전통 과자인「和菓子 화과자」와 케이크, 비스킷 등의 서양식 과자인「洋菓子 양과자」가 있다. 달콤하고 귀여운 일본식 데자또들을 살펴보자.

いちご大福

딸기 찹쌀떡

大福 / 豆大福

찹쌀떡 / 콩 찹쌀떡

くりまんじゅう

밤만주

どうみょうじ

찹쌀떡 (관서지방의 사쿠라모치)

さくらもち

벚꽃잎 찹쌀떡

かしわもち

떡갈나무 잎 찹쌀떡

ようかん

양갱

だんご

경단

煎餅

전병

鯛焼き

(일본) 붕어빵

トラ焼き

도라야키

カステラ

카스텔라

私はまだ北海道に行ったことがありません。

な는 아직 홋카이도에 간 적이 없습니다.

Key point

宝くじに当たったことがありますか。	복권에 당첨된 적이 있습니까?
一度もうそをついたことがありません。	한 번도 거짓말을 한 적이 없습니다.
はじめて日本に行った時、どうでしたか。	처음 일본에 갔었을 때, 어땠습니까?

佐藤　私、来週学会の発表で北海道に行きます。

ワン　もう来週ですか。いいですね、北海道。

私はまだ北海道に行ったことがありません。

佐藤　そうなんですか。

私は一度行ったことがありますけど…。

新鮮な海産物が入ったラーメンが本当においしかったです。

ワン　あ、聞いたことはあります。私も食べてみたいなあ〜。

佐藤　じゃ、今度の連休に一緒に行きましょうか。

ワン　本当に？

じゃ、一緒にプランを立ててみましょう。

Word

- 学会 학회
- 発表 발표
- まだ 아직
- そうなんですか 그렇습니까?
- 一度 한 번

- ~けど ~인데
- 新鮮 신선
- 海産物 해산물
- 入る 들어가(오)다 ★1
- 聞く 듣다, 묻다

- 今度 이번 (돌아오는)
- 連休 연휴
- プランを立てる
  플랜(계획)을 세우다

이것만은 꼭꼭

01 동사의 た형 ~(했)다

1그룹	① ~く → ~**いた** ~ぐ → ~**いだ**	書く → 書いた 脱ぐ → 脱いだ

	② ~ぬ
	   ~ぶ → ~**んだ**
	   ~む
		死ぬ → 死んだ
		遊ぶ → 遊んだ
		飲む → 飲んだ

	③ ~う
	   ~つ → ~**った**
	   ~る
		買う → 買った
		待つ → 待った
		送る → 送った

	④ ~す → ~**した**	話す → 話した
	＊ 예외	行く → 行った
2그룹	① ~る ＋ ② い, え단 ・~る → **た**	みる → 見た たべる → 食べた おきる → 起きた
3그룹	する → し**た** くる → き**た**	勉強する → 勉強した 来る → 来た

💡 い형용사 : ~かった　　あそこのラーメン、おいしかった。　　저기 라면, 맛있었어(맛있었다).

な형용사 : ~だった　　そのホテルはとても静かだった。　　그 호텔은 매우 조용했어(조용했다).

명사 : ~だった　　キムさんの息子はまだ小学生だった。　　김 씨의 아들은 아직 초등학생이었어(초등학생이었다).

02   ~たこと(が)ある ~한 적(이) 있다

ここに行ったことがあります。

여기에 간 적이 있습니다.

宝くじに当たったことがありますか。

복권에 당첨된 적이 있습니까?

一度もうそをついたことがありません。

한 번도 거짓말을 한 적이 없습니다.

03   ~た＋명사 ~한(했던) 명사

さっき電話した時、部長はいませんでした。

아까 전화했을 때, 부장님은 없었습니다.

露天風呂に入って撮った写真です。

노천온천에 들어가서 찍었던 사진입니다.

分かった人は手をあげてください。

이해한 사람은 손을 들어주세요.

•Word• 書く 쓰다・脱ぐ 벗다・死ぬ 죽다・遊ぶ 놀다・飲む 마시다・買う 사다・待つ 기다리다・送る 보내다
話す 이야기하다・勉強する 공부하다・来る 오다・宝くじ 복권・当たる 당첨되다・一度 한 번
うそをつく 거짓말을 하다・露天風呂 노천온천・分かる 이해하다・手をあげる 손을 들다

1 그림을 보고 〈보기〉와 같이 말해 보세요.

・보기・
A : フランスに<ruby>行<rt>い</rt></ruby>ったことがありますか。
B : はい、あります。とても<ruby>楽<rt>たの</rt></ruby>しかったです。

(1) <ruby>新幹線<rt>しんかんせん</rt></ruby>に<ruby>乗<rt>の</rt></ruby>る / <ruby>速<rt>はや</rt></ruby>い

(2) この<ruby>小説<rt>しょうせつ</rt></ruby>を<ruby>読<rt>よ</rt></ruby>む / おもしろい

(3) <ruby>家<rt>いえ</rt></ruby>でカレーを<ruby>作<rt>つく</rt></ruby>る / おいしい

(4) <ruby>芸能人<rt>げいのうじん</rt></ruby>に<ruby>会<rt>あ</rt></ruby>う / かっこいい

(5) <ruby>宝<rt>たから</rt></ruby>くじに<ruby>当<rt>あ</rt></ruby>たる / <ruby>嬉<rt>うれ</rt></ruby>しい

2 다음 〈보기〉와 같이 말해 보세요.

> 보기
> A：着物を着たことがありますか。
> B：いいえ、着物を着たことはありません。はじめてです。

(1) 茶道を習う

(2) 旅館に泊まる

(3) 相撲を見る

(4) お祭りに参加する

Word
着物 기모노 (한복과 같은 일본의 전통의상) · 着る 입다 · はじめて 처음 · 茶道 다도 · 習う 배우다
旅館 료칸 (일본의 전통 숙박시설) · 泊まる 묵다. 숙박하다 · 相撲 스모 (씨름과 같은 일본의 전통운동)
お祭り 축제 · 参加する 참가하다

귀에 쏙쏙

聞き 取り

🎧 MP3 27

1 녹음을 듣고 문장을 완성해 보세요.

(1) アルバイトを＿＿＿＿＿＿＿＿＿＿＿＿＿＿＿＿＿＿＿＿。

(2) 4年前に＿＿＿＿＿＿＿＿＿＿＿＿＿＿＿＿＿＿＿＿＿。
  <small>ねんまえ</small>

(3) 友だちが＿＿＿＿＿＿＿、お好み焼きを作って＿＿＿＿＿＿＿＿＿＿＿＿。
  <small>とも</small> <small>この や つく</small>

2 녹음을 듣고 경험한 적이 있으면 O, 없으면 X를 표시하세요.

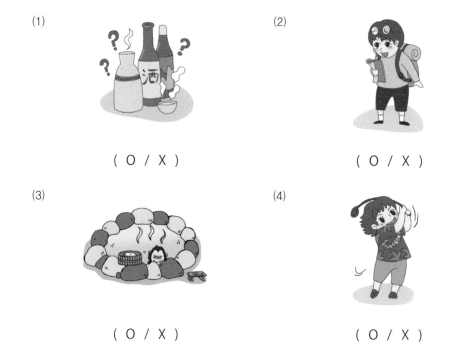

(1)

(O / X)

(2)

(O / X)

(3)

(O / X)

(4)

(O / X)

・Word・ 一度も 한 번도・今回 이번
  <small>いち ど</small> <small>こんかい</small>

다음 문장을 일본어로 적어 보세요.

(1) 일본에 간 적이 있습니까?　_____。

(2) 복권에 당첨된 적은 없습니다.　_____。

(3) 처음 비행기를 탔을 때, 어땠습니까?　_____。

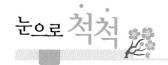

読み取り

다음을 읽고 내용과 맞으면 O, 다르면 X를 표시하세요.

私は学生時代に日本の温泉に行ったことがあります。特に、露天風呂がある温泉はとてもよかったです。ラーメンやお寿司など、日本料理もおいしかったです。それで、今度の冬休みに、はじめて姉と二人で日本に行きます。姉は一度も日本に行ったことがありません。二人でおいしいラーメンや有名な観光地、温泉など日本を満喫したいです。

・Quiz・

(1) 姉との日本旅行ははじめてです。　　　　　　　　(O / X)

(2) 今度の休みには家族みんなで行きたいです。　　　(O / X)

・Word・ 飛行機 비행기・~に乗る ~을/를 타다・学生時代 학창 시절・特に 특히・露天風呂 노천온천
それで 그래서・冬休み 겨울방학(휴가)・一度も 한 번도・観光地 관광지・満喫 만끽

나라

アメリカ
미국

イギリス
영국

フランス
프랑스

ロシア
러시아

イラン
이란

スイス
스위스

フィリピン
필리핀

_{たいわん}
台湾
대만

_{ちゅうごく}
中国
중국

カナダ
캐나다

ニュージーランド
뉴질랜드

カンボジア
캄보디아

モンゴル
몽골

ブラジル
브라질

スウェーデン
스웨덴

• 라멘 (2) •

라멘은 일본을 대표하는 음식 중 하나로, 일본뿐만 아니라 우리나라에서도 인기가 높다. 또한 인기만큼 종류도 다양한데 대표적으로, '간장으로 국물을 낸 醤油ラーメン, 돼지뼈를 우려내 국물을 낸 豚骨ラーメン, 된장으로 국물을 낸 味噌ラーメン, 소금으로 국물을 낸 塩ラーメン, 중국식 매콤한 고추기름에 다진 고기를 볶아서 국물을 낸 担々麺, 국물에 찍어 먹는 독특한 방식의 つけ麺'이 있다. 일본 지역별로 좋아하는 라멘의 종류는 醤油ラーメン이 1위이며, 豚骨ラーメン과 味噌ラーメン가 있다. 가게별로 독특하게 국물을 낸 라멘들도 많이 있는데, 青森 지역에서는 「味噌カレー牛乳ラーメン 된장 카레 우유 라면」, 札幌 지역에서는 여러 가지 해산물을 넣은 라멘이 유명하다. 일본 라멘은 인기가 높고 지역과 가게별로 종류도 많아서 이들을 모아 놓은 「札幌ラーメン共和国 삿포로 라멘 공화국」 또는 「新横浜ラーメン博物館 신요코하마 라멘 박물관」 같은 곳도 일본 여행에서 추천하는 곳이다.

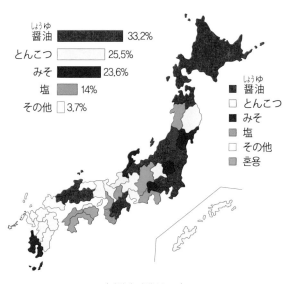

醤油 33.2%
とんこつ 25.5%
みそ 23.6%
塩 14%
その他 3.7%

■ 醤油
□ とんこつ
■ みそ
▨ 塩
□ その他
▨ 혼용

〈지역별 라멘 분포도〉

〈삿포로 라멘 공화국 홈페이지〉

第 **10** 課

それなら、早く帰った方がいいですよ。

그렇다면, 빨리 돌아가는 편이 좋겠어요.

Key point

週末は映画を見たり、本を読んだりします。	주말은 영화를 보거나, 책을 읽거나 합니다.
早く休んだ方がいいですよ。	빨리 쉬는 편이 좋겠어요.
それなら、私も手伝います。	그렇다면, 저도 돕겠습니다.

ユン	井上さん、どうしたんですか。顔色が悪いですよ。
井上	そうですか。昨日、少し遅く寝て…。
ユン	発表とかレポートでですか。
井上	ええ、今週、グループ発表1つと個人発表1つ、 レポート2つですよ。 それで、ずっとパソコンしたり、遅く寝たりしました。
ユン	大変ですね。昨日は何時に寝ましたか。
井上	ほとんど寝ていません。3時間くらい？
ユン	本当ですか。 それなら、早く家へ帰って寝た方がいいですよ。
井上	そうですね。じゃ、お先に。

Word

- 顔色 얼굴색, 낯빛
- 発表 발표
- 個人 개인
- ずっと 쭉, 계속
- お先に 먼저
('먼저 갈게'라는 뜻의
인사 표현으로도 사용된다.)

01　~たり ~たりする　~(하)거나 ~(하)거나 하다

家で音楽を聞いたり映画を見たりします。　　　　　　　집에서 음악을 듣거나 영화를 보거나 합니다.

そのドラマを見ながら、笑ったり泣いたりしました。　그 드라마를 보면서, 웃거나 울거나 했습니다.

ロビーをずっと行ったり来たりしています。　　　　　로비를 계속 왔다 갔다 하고 있습니다.

💡 い형용사 : ~かったり
　　な형용사 : ~だったり
　　명사 : ~だったり

仕事は忙しかったり、暇だったりします。　일은 바쁘기도 하고, 한가하기도 합니다.

あの人は作家だったり、医者だっだりします。

저 사람은 작가이기도 하고, 의사이기도 합니다.

02　~た(だ)方がいい　~하는 편이 좋다(낫다)

早くうちへ帰った方がいいですよ。　　　　　　　빨리 집에 돌아가는 편이 좋겠습니다.

少し休んだ方がいいですよ。　　　　　　　　　　조금 쉬는 편이 좋겠습니다.

もうちょっと調べた方がいいですよ。　　　　　　조금 더 알아보는 편이 좋겠습니다.

💡 ~よ : 상대방에게 새로운 것을 알려주거나 자기의 의견을 강하게 말할 때 사용하는 '반말, 정중한 말' 모두에
　　붙일 수 있는 종조사

03 ~なら ~라면

A : 新しいケータイが買いたい。　　　　　　　　　　　새 휴대폰을 사고 싶어.

B : ケータイを買うなら、学校前のお店が安いですよ。 휴대폰을 살 거라면, 학교 앞 가게가 싸요.

A : 今日は親子丼を作りますね。　　　　　　　　　　오늘은 오야코동을 만들게요.

B : それなら私も手伝いますよ。　　　　　　　　　　그렇다면 저도 도울게요.

💡 일본어 가정(조건) 표현 중 「~なら」는 상대가 말한 내용이나 단어를 다시 말해 조언이나 의견을 말할 때 주로 사용한다! [앵무새 용법]

い형용사	おいしいなら~	맛있으면
な형용사	大変なら~	힘들면
명사	うそなら~	거짓말이라면

• Word • 笑う 웃다・泣く 울다・調べる 조사하다・買う 사다・安い 싸다
親子丼 오야코동 (닭고기와 달걀을 넣은 덮밥류)・作る 만들다・手伝う 거들다, 돕다

🎧 MP3 29

1 그림을 보고 〈보기〉와 같이 말해 보세요.

・보기・

A : 週末は何をしますか(しましたか)。

B : 買い物をしたり、運動したりします(しました)。

(1) 暇な時 / 本を読む / 映画を見る

(2) 休みの日 / 犬と散歩する / 料理をする

(3) 夏休み / 海に行く / 山に行く

(4) 今週の土曜日 / 発表の準備をする / ジムに行く

(5) 昨日 / 友だちに会う / 本屋に寄る

2 다음 〈보기〉와 같이 말해 보세요.

> ·보기·
>
> インフルエンザが流行っていますから、マスクをかけた方がいいですよ。

(1) ビタミンCを飲む

(2) 予防注射をする

(3) 人込みを避ける

(4) うがいをする

·Word· 寄る 들르다 · 流行る 유행하다 · マスクをかける 마스크를 끼다 · 予防注射 예방주사
人込み 사람 많은 곳 · 避ける 피하다 · うがい 양치질

1 　녹음을 듣고 문장을 완성해 보세요.

(1) 着物を＿＿＿＿＿＿＿、ドレスを＿＿＿＿＿＿＿します。

(2) みんなでおいしいものを＿＿＿＿＿＿、＿＿＿＿＿＿したいです。

(3) 今日はゆっくり＿＿＿＿＿＿＿＿＿＿＿＿＿。

2 　세 명이 하는 이야기를 잘 듣고 알맞은 그림 번호를 적어 보세요.

(1) ハンさん（　/　）　　(2) 野田さん（　/　）　　(3) 下村さん（　/　）

①

②

③

④

⑤

⑥

・Word・ 一度も 한 번도 ・ 今回 이번

다음 문장을 일본어로 적어 보세요.

(1) 어제는 마시거나 먹거나 했습니다.　　＿＿＿＿＿＿＿＿＿＿＿＿＿＿＿＿＿。

(2) 슬슬 집에 가는 편이 좋겠습니다.　　＿＿＿＿＿＿＿＿＿＿＿＿＿＿＿＿＿。

(3) 기무라 씨가 간다면 저도 가겠습니다.　　＿＿＿＿＿＿＿＿＿＿＿＿＿＿＿＿＿。

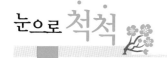

読み取り

다음을 읽고 내용과 맞으면 O, 다르면 X를 표시하세요.

先週、出張で二泊三日間日本へ行って来ました。大阪支店と取引先とのミーティングがありました。ミーティングが終わって、取引先の人たちと道頓堀でお好み焼きを食べたり、お土産を買ったりしました。帰りの飛行機で、今度は旅行で行きたいと思いました。

· Quiz ·

(1) 今週、出張で大阪へ行きます。　　　　　　　　　(O / X)

(2) 道頓堀でお土産を買ってきました。　　　　　　　(O / X)

· Word · そろそろ 슬슬 · ～で ～에서, ～로 · 2泊3日 2박 3일 · 支店 지점 · 取引先 거래처
道頓堀 도톤보리 (오사카 번화가 이름) · お土産 선물 (출장이나 여행 등에서 사 가는 선물)
今度 이번, 돌아오는 · ～と思う ～라고 생각하다

증상별 표현

ねつ
熱がある

열이 있다

のど いた
喉が痛い

목(구멍)이 아프다

のど は
喉が晴れている

목이 부었다

あたま いた
頭が痛い

머리가 아프다

さむけ
寒気がする

한기가 들다

は け
吐き気がする

구토가 나다

め
目まいをする

현기증이 나다

め
目がかゆい

눈이 가렵다

はなみず で
鼻水が出る

콧물이 나다

げ り
下痢をする

설사를 하다

なか いた
お腹が痛い

배가 아프다

くび かた いた
首/肩が痛い

목뒤/어깨가 아프다

こし いた
腰が痛い

허리가 아프다

あし
足をつった

발을 삐었다

は いた
歯が痛い

이가 아프다

음식 톡톡

고기 부위

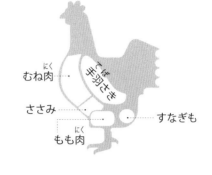

タン	혀, 우설
肩ロース	목살
サーロイン	채끝살
ヒレ	안심
ランブ	우둔살
カルビ(バラ)	갈비

むね肉	닭 가슴살
ささみ	부드러운 부분 닭 가슴살
もも肉	닭 다리 살
手羽さき	닭 날개
すなぎも	닭 모래주머니 (닭똥집)

일본에서 焼き肉를 먹기 전 Tip

① 塩(소금)로 된 고기를 주문할지, タレ(양념)로 된 고기를 주문할지를 말해주는 게 좋다.

② 취향에 따른 다양한 고기를 주문하기 전에, 얇은 우설 고기부터 시키기도 한다.

(とりあえず、タン塩で。우선. 우설부터 주세요.)

③ 일본인에게 인기 있는 고기 부위 1위는 カルビ, 2위는 タン, 3위는 ロース(등심)이고 그 뒤를 ハラミ(안창살)、ヒレ、サーロイン、レバー(간) 등이 있다.

宝<ruby>たから</ruby>くじに当<ruby>あ</ruby>たったら、何<ruby>なに</ruby>がほしいですか。

복권에 당첨되면, 무엇을 갖고 싶습니까?

Key point

美香<ruby>みか</ruby>さんが来<ruby>き</ruby>たら出発<ruby>しゅっぱつ</ruby>しましょう。	미카 씨가 오면 출발합시다.
何<ruby>なに</ruby>を見<ruby>み</ruby>ているんですか。	무엇을 보고 있어요?
マリさんも買<ruby>か</ruby>ってみたらどうですか。	마리 씨도 사 보면 어떻습니까?

ワン　　チェさん、何^{なに}をしているんですか。

チェ　　先週^{せんしゅう}買^かった宝^{たから}くじを見^みています。

ワン　　へえ～宝^{たから}くじですか。

　　　　宝^{たから}くじに当^あたったら、何^{なに}がほしいですか。

チェ　　宝^{たから}くじに当^あたったら、世界旅行^{せかいりょこう}をしたいです。

　　　　ワンさんは。

ワン　　私^{わたし}は… かわいい外車^{がいしゃ}が買^かいたいです。

チェ　　それもいいですね。

　　　　ワンさんも面白半分^{おもしろはんぶん}で買^かってみたらどうですか。

Word

▫ 先週^{せんしゅう} 지난주　　　　▫ 宝^{たから}くじに当^あたる 복권에 당첨되다　　　▫ 外車^{がいしゃ} 외제차

▫ 買^かう 사다　　　　　　▫ 世界旅行^{せかいりょこう} 세계여행　　　　　　　　▫ 面白半分^{おもしろはんぶん}で 반 장난으로

01　**~たら** ~하면, ~한다면 / ~더니, ~니까

パクさんが来_きたら出発_{しゅっぱつ}しましょう。　　　　　박 씨가 오면 출발합시다.

宝_{たから}くじに当_あたったら 何_{なに}か買_かいたいですか。　　　복권에 당첨되면 무엇을 사고 싶습니까?

駅_{えき}に着_ついたら連絡_{れんらく}ください。　　　　　　　역에 도착하면 연락 주세요.

💡「~たら」형은 상대에게 제안, 충고, 명령하거나 본인의 의지 또는 희망할 때 사용한다.

　　い형용사 : ~かったら　　　　よかったら一緒_{いっしょ}に行_いきませんか。　　괜찮으면 같이 가지 않겠습니까?

　　な형용사 : ~だったら　　　　もしだめだったら教_{おし}えてください。　　혹시 안되면 알려주세요.

　　명사 : ~だったら　　　　　明日_{あした}も休_{やす}みだったら、いいのに。　　내일도 휴가면 좋을 텐데.

昨日_{きのう}デパートへ行_いったら、定休日_{ていきゅうび}でした。　　어제 백화점에 갔더니, 정기휴일이었습니다.

この目薬_{めぐすり}を入_いれたら、大丈夫_{だいじょうぶ}になりました。　　이 안약을 넣었더니, 괜찮아졌습니다.

💡「~たら」문 뒤에 과거 표현이 올 경우 주로 '~더니, ~니까'로 해석된다.

02 ~たらどうですか ~하면 어떻습니까?, ~하는 게 어때요?

先生に聞いてみたらどうですか。　　　　　　선생님께 물어보는 것이 어때요?

もう一度考えてみたらどうですか。　　　　　한 번 더 생각해 보는 것이 어떻습니까?

少し休んだらどうですか。　　　　　　　　　잠깐 쉬는 것이 어떻겠습니까?

💡 친한 사이에서는 「~たら」만으로 '~하는 게 어때?'의 의미로 사용된다.

03 ~んです ~한 거에요, ~거든요, ~인데요 [이유 설명, 강조]

どうしたんですか。　　　　　　　　　　　무슨 일인가요?

頭が痛いんです。　　　　　　　　　　　　머리가 아프거든요.

彼が好きなんです。　　　　　　　　　　　그를 좋아하거든요.

部長は今会議中なんですが…。　　　　　부장님은 지금 회의 중인데요….

💡 회화체 : ~んです　　문어체 : ~のです

동사 : ~んです　　暇な時は何をするんですか。　　　한가할 때는 무엇을 하나요?

い형용사 : ~んです　　忙しかったんですよ。　　　　　　바빴거든요.

な형용사 : ~なんです　　先輩はいつも親切なんですね。　　선배는 늘 친절하네요.

명사 : ~なんです　　明日は神田さんの誕生日なんです。　내일은 칸다 씨의 생일인데요.

• Word •　出発する 출발하다 • 宝くじ 복권 • 当たる 당첨되다 • 着く 도착하다 • 連絡 연락 • だめだ 안되다
教える 가르치다 • ~のに ~인데 • 定休日 정기휴일 • 目薬 안약 • もう一度 한 번 더 • 考える 생각하다

🎧 MP3 32

1 그림을 보고 〈보기〉와 같이 말해 보세요.

・보기・

A : お腹を壊したんです。

B : 早く病院に行ってみたらどうですか。

(1)　朝寝坊する　/　今日からは早く寝る

(2)　昨日も一人で残業をする　/　誰かにお願いする

(3)　遅くまで仕事をする　/　今日はゆっくり休む

(4)　お昼をいっぱい食べる　/　散歩でもする

(5)　メールを間違って送る　/　早く送り直す

2 다음 〈보기〉와 같이 말해 보세요.

> **・보기・**
>
> A : 誰と行ったんですか。
> B : 家族と行ったんです。

(1) 誰に会う　/　高校の同級生

(2) 何を食べる　/　さつまいも

(3) 誰が来る　/　弟

(4) 何が分かる　/　この部分

・Word・　お腹を壊す 배탈 나다・朝寝坊する 늦잠 자다・残業 잔업・誰か 누군가・お願い 부탁・仕事 일
～でも ～라도・間違う 잘못되다, 틀리다・送り直す 다시 보내다・同級生 동창생・さつまいも 고구마

1 　녹음을 듣고 문장을 완성해 보세요.

(1) 誕生日のプレゼントに何を＿＿＿＿＿＿＿＿＿＿＿＿＿。

(2) 今朝、＿＿＿＿＿＿＿＿＿＿＿＿＿＿＿＿＿。

(3) もう少し＿＿＿＿＿＿＿＿＿＿＿＿どうですか。

2 　녹음을 듣고 내용과 그림이 맞으면 O, 다르면 X를 표시하세요.

(1)

① (　　) ② (　　) ③ (　　)

(2)

① (　　) ② (　　) ③ (　　)

다음 문장을 일본어로 적어 보세요.

(1) 그 이야기 들으니까 저도 가고 싶어졌습니다. _____ 。
(行きたくなる 가고 싶어지다)

(2) 선배에게 물어보는 게 어떻습니까? _____ 。

(3) 늦잠을 잔 거예요? _____ 。

読み 取り

다음을 읽고 내용과 맞으면 O, 다르면 X를 표시하세요.

昨日、偶然高校時代の同級生に会った。10年ぶりかな。高校生の時、私は彼と図書委員だった。私は本を読むことが好きで、一人で小説を書いたこともある。彼は私の小説を読んで、感想を言ったりコメントをしたりしてくれた。その時は、作家になりたかった。でも、大学に入って、就職して、忙しい毎日を過ごしている。その時書いた本も、どこにあるか分からない。もし、もう一度あの頃に戻ったら、一回くらいは本を出版してみたい。

Quiz

(1) 10年ぶりに図書委員だった同級生に連絡が来た。 (O / X)

(2) 高校時代に本を出版したことがある。 (O / X)

Word 偶然 우연히 · ～かな ～(일)려나 · 委員 위원 · ～こと ～것 · 感想を言う 감상을 말하다
～てくれた ～해 주었다 · 作家 작가 · ～になりたい ～이(가) 되고 싶다 · 就職 취직 · 過ごす 지내다
分からない 모른다 · もし 만약 · もう一度 한 번 더 · あの頃 그 시절 · 戻る 돌아가다 · 出版 출판

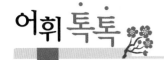

학창 시절 관련 단어

せんぱい **先輩** 선배	こうはい **後輩** 후배	どうそうかい **同窓会** 동창회
なつ **懐かしい** 그립다	**ふるさと** 고향	おも で **思い出** 추억
サボる 땡땡이치다	ぶ かつ **部活** 동아리활동	**クラスメート** 클래스 메이트 (반 친구)
せいしゅん **青春** 청춘	にゅうがく **入学** 입학	そつぎょう **卒業** 졸업
りゅうがく **留学** 유학	ぶん か さい **文化祭** 학교 축제	こう し えん **甲子園** 고시엔 (고교 야구 대회)

• 분카사이 •

분카사이「文化祭 _{문화제}」는 일본 학교의 축제인 문화제를 말한다. 연극이나 뮤지컬, 반 별로 합창 경연 대회 등 여러 가지 볼거리는 물론이고 먹을거리도 다양하게 준비한다.「屋台 _{포장마차}」에서도 볼 수 있는 다양한 일본 음식들을 알아보자.

焼きそば 야키소바

ホットドッグ 핫도그

おでん 오뎅 (어묵탕)

焼き鳥 닭꼬치

お好み焼き 오코노미야키

唐揚げ 튀김

ハンバーガー 햄버거

かき氷 빙수

おにぎり 오니기리 (삼각 김밥)

たこ焼き 타코야키

豚汁 돈지루 (돼지고기 된장국)

綿菓子 솜사탕

お風呂に入らないでください。

목욕하지 마세요.

Key point

咳が止まらないんです。

기침이 멈추지 않습니다.

ここで写真を撮らないでください。

여기에서 사진을 찍지 마세요.

心配しない方がいいです。

걱정하지 않는 편이 좋습니다.

医者　どうしましたか。

パク　昨日から鼻水と咳が止まらないんです。

今朝起きたら、寒気もしました。

医者　ちょっと診てみましょうか。

········ 診察後 ········

医者　熱はないですけど、風邪ですね。

最近気温差がひどくて風邪をひきやすいから、

まだ半袖は着ない方がいいですよ。

今日はお風呂に入らないでくださいね。

パク　はい、わかりました。

医者　お大事に。

Word

□ 鼻水 콧물
□ 咳 기침
□ 止まる 멈추다
□ 今朝 오늘 아침
□ ～たら ～면, ～더니

□ 寒気がする 오한/한기가 들다
□ 診る 보다, 진찰하다
□ 診察 진찰
□ ～後 ～후

□ 風邪をひく 감기에 걸리다
□ 気温差 온도차
□ 半袖 반팔
□ お大事に 몸조심하세요

01 동사의 **ない**형

1그룹	·⑤단(모음) → あ단(모음) + **ない**	乗る	→	乗らない
		行く	→	行かない
		待つ	→	待たない
		飲む	→	飲まない
		話す	→	話さない
		死ぬ	→	死なない
		帰る ★1	→	帰らない
		入る ★1	→	入らない
		会う 주의	→	会わない
		歌う 주의	→	歌わない
2그룹	① ～る + ↓ ② い, え단 ·～る → **ない**	みる	→	見ない
		たべる	→	食べない
		おきる	→	起きない
3그룹	する → し**ない** くる → こ**ない**	勉強する	→	勉強しない
		来る	→	来ない

💡 ある (있다) → ない (없다) ⋯ 사물, 식물

いる (있다) → いない (없다) ⋯ 사람, 동물

02 **~ないでください** ~(하)지 마세요/말아주세요

ここで写真を撮らないでください。 여기에서 사진을 찍지 마세요.

明日は遅刻しないでください。 내일은 지각하지 말아주세요.

タバコを吸わないでください。 담배를 피우지 마세요.

03 **~ない方がいい** ~(하)지 않는 편이, ~(하)지 않는 게 좋다

心配しない方がいいです。 걱정하지 않는 편이 좋습니다.

触らない方がいいです。 만지지 않는 편이 좋습니다.

ここでタバコを吸わない方がいいです。 여기에서 담배를 피우지 않는 게 좋습니다.

• Word • 乗る 타다 • 話す 이야기하다 • 死ぬ 죽다 • 走る 달리다 ★1 • 写真を撮る 사진을 찍다
遅刻する 지각하다 • タバコを吸う 담배를 피우다 • 心配する 걱정하다 • 触る 만지다

🎧 MP3 35

1 그림을 보고 〈보기〉와 같이 말해 보세요.

·보기·

タバコを<u>吸</u>わ<u>ないでください</u>。

(1) 写真を撮る

(2) 電話をする

(3) 犬を連れてくる

(4) ごみを捨てる

(5) 大きい声で話す

2 다음 〈보기〉와 같이 말해 보세요.

· 보기 ·

A : 早く結婚した方がいいですか。

B : いいえ、早く結婚しない方がいいです。

---

(1) パーマをかける

(2) 前髪を伸ばす

(3) 短く髪を切る

(4) 髪を染める

· Word · 連れてくる 데리고 오다 · 捨てる 버리다 · 声 목소리 · 結婚する 결혼하다
パーマをかける 파마를 하다 · 切る 자르다 ★1 · 前髪を伸ばす 앞머리를 기르다 · 染める 염색하다

🎧 MP3 36

1　녹음을 듣고 문장을 완성해 보세요.

(1) 約束を忘れ＿＿＿＿＿＿＿＿＿＿＿＿＿＿＿＿。

(2) お酒をたくさん＿＿＿＿＿＿＿＿＿＿＿＿＿。

(3) 遅くまで勉強＿＿＿＿＿＿＿＿＿＿＿＿＿＿。

2　녹음을 듣고 그림의 내용과 알맞은 번호를 고르세요.

(1) ＿＿＿＿＿　(2) ＿＿＿＿＿　(3) ＿＿＿＿＿

(4) ＿＿＿＿＿　(5) ＿＿＿＿＿

Word　おしゃべりをする 수다 떨다・走る 달리다 ★1・化粧する 화장하다

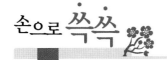

다음 문장을 일본어로 적어 보세요.

(1) 여기에서 사진을 찍지 마세요. _____ 。

(2) 지나치게 생각하지 않는 편이 좋습니다. _____ 。

(3) 걱정하지 않는 편이 좋습니다. _____ 。

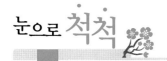

다음을 읽고 내용과 맞으면 O, 다르면 X를 표시하세요.

昨日から鼻水と咳が止まらないし喉も痛いです。今朝起きたら、少し寒気もしました。たぶん、最近レポートや共同研究が多くて、無理したかもしれません。学校へ行く前に病院に寄って薬をもらいました。医者に「できるだけ、無理をしないでください」と言われました。まだ宿題がありますが、とりあえず今日はゆっくり休みます。

Quiz

(1) 昨日から風邪気味があります。 (O / X)

(2) レポートがまだありますので、今日も遅く寝ます。 (O / X)

Word 鼻水 콧물・咳 기침・止まる 멈추다・喉 목・~たら ~하면, ~더니・寒気がする 한기가 들다
共同研究 공동연구・~かもしれない ~일지도 모른다・~に寄る ~에 들르다・もらう 받다
できるだけ 가능한・~と言われる ~라고 듣다・宿題 숙제・とりあえず 일단, 우선

금지 표현

きんえん
禁煙
금연

ちゅうしゃきんし
駐車禁止
(차) 주차 금지

ちゅうりんきんし
駐輪禁止
자전거 주차 금지

たちいりきんし
立入禁止
출입 금지

はし
走らない
뛰지 않는다

さわ
触らない
만지지 않는다

す　きんし
ポイ捨て禁止
쓰레기 투기 금지

けいたいでんわしようきんし
携帯電話使用禁止
휴대전화 사용 금지

さつえいきんし
撮影禁止
촬영 금지

きんし
キャンプ禁止
캠프 금지

いんしょくきんし
飲食禁止
음식 금지

も　こ　きんし
ペット持ち込み禁止
애완견 동반 금지

• 노미호다이 •

노미호다이 「飲み放題 음료 무한리필」는 한국의 무한리필처럼 음료 무한리필을 말한다. 일본에는 노미호다이가 가능한 가게가 많다. 가격대는 종류에 따라 1,000엔~3,000엔 정도이며, 시간도 1시간~2시간 정도로 다양하다. 또한 음료뿐만 아니라 「焼き肉 食べ放題 고기 무한리필」, 「スイーツ食べ放題 디저트 무한리필」 등 종류도 다양하므로, 친구들과 일본에 간다면 여러 메뉴를 저렴하게 즐겨보자.

● お飲み物 (음료)

赤ワイン 레드와인	サワー 사와 (칵테일)	ソフト 소프트 음료
白ワイン 화이트 와인	レモンサワー 레몬사와	ウロン茶 우롱차
ハイボール 하이볼 (칵테일)	巨峰サワー 거봉사와	オレンジジュース 오렌지주스
生ビール 생맥주	梅サワー 매실사와	カルピスソーダ 칼피스소다
焼酎 소주	グレープフルーツサワー 자몽사와	コカコーラ 코카콜라

春になると、暖かくなります。

봄이 되면, 따뜻해집니다.

Key point

春になると、暖かくなります。	봄이 되면, 따뜻해집니다.
田中さんも行くと思います。	다나카 씨도 갈 거라고 생각합니다.
明日の会議は9時からだと思います。	내일 회의는 9시부터라고 생각합니다.

井上 最近、暖かくなりましたね。

ユン そうですね。そろそろお花もきれいに咲きますよね。

井上 去年はウイルスで花見ができませんでしたが、

今年はきれいなお花がたくさん見たいですね。

ユン お花見スポットを知っていますか。

井上 ソウルではヨイドが一番きれいだと思いますが…。

ユン 個人的にはロッテワールドの隣にある石村湖も散歩

コースがあってきれいだと思いますよ。

今度一緒に行ってみましょう。

Word

- 暖かい 따뜻하다
- そろそろ 슬슬
- 咲く (꽃이) 피다
- ウイルス 바이러스
- できる 가능하다, 할 수 있다
- お花見 꽃놀이, 꽃구경
- スポット 명소
- 個人的 개인적
- 散歩コース 산책로

01 **~と** ~(하)면

このボタンを押すと、氷が出ます。　　　　이 버튼을 누르면, 얼음이 나옵니다.

春になると、暖かくなります。　　　　봄이 오면, 따뜻해집니다.

まっすぐ行くと、すぐ右にコンビニが見えます。　　곧장 가면, 바로 오른쪽에 편의점이 있습니다.

💡 「と」는 필연적이고 예측 가능한 경우에 사용하며, 주로 '기계조작, 자연현상, 길 안내' 등에 많이 사용한다!

02 **~なる** ~이(가) 되다, ~(해)지다

い형용사	~くなる	お酒を飲むと顔が赤くなります。 술을 마시면 얼굴이 빨갛게 됩니다.
な형용사	~になる	発表が終わってちょっと暇になりました。 발표가 끝나서 조금 한가해졌습니다.
명사		3月から大学生になります。 3월부터 대학생이 됩니다.
동사	~ようになる	毎日練習して、上手に話せるようになりました。 매일 연습해서, 잘 말할 수 있게 되었습니다.

💡 い형용사는 어미 「い」를 「く」로, な형용사는 어미 「だ」를 「に」로 바꾸고, 「なる」는 동사의 기본형에 「ようになる」
　를 활용한다. 동사의 활용은 주로 가능형 동사와 함께 활용하여 과거와 비교했을 때 '능력, 상황, 습관' 등이 변화
　한 경우 사용한다!

03　보통형 + ~と思う　~(라)고 생각하다, ~(인) 것 같다

木村さんも分かると思います。　　　　기무라 씨도 알 것이라고 생각합니다.

部長は参加しないと思いますが …。　　부장님은 참가하지 않을 것 같습니다만….

彼女も知っていると思います。　　　　여자친구도 알고 있을 것이라고 생각합니다.

💡 分かる = understand　　知る = know

보통형	동사	雨が	降る	비가 내리다
			降らない	내리지 않는다
			降った	내렸다
			降らなかった	내리지 않았다
	い형용사	忙し	い	바쁘다
			くない	바쁘지 않다
			かった	바빴다
			くなかった	바쁘지 않았다
	な형용사	好き	だ	좋아하다
			じゃない	좋아하지 않는다
			だった	좋아했다
			じゃなかった	좋아하지 않았다
	명사	学生	だ	학생이다
			じゃない	학생이 아니다
			だった	학생이었다
			じゃなかった	학생이 아니었다

• Word 　赤い 빨갛다 • 発表 발표 • 終わる 끝나다 • 練習する 연습하다 • 上手に 잘, 능숙하게
話せる 말할 수 있다 (話す의 가능형)

🎧 MP3 38

1 그림을 보고 〈보기〉와 같이 말해 보세요.

> **·보기·**
>
> 春になる ＋ 暖かい
> → 春になると、暖かくなります。

(1)　　夏になる ＋ 暑い

(2)　　秋になる ＋ 涼しい

(3)　　冬になる ＋ 寒い

(4)　　お酒を飲む ＋ 顔が赤い

(5)　　会社員になる ＋ 忙しい

2 다음 〈보기〉와 같이 말해 보세요.

┌─ 보기 ─┐

あした かいぎ じ おも
明日の会議は9時からだと思います。

(1) しゅっちょう / かようび
出張 / 火曜日からだ

(2) のむら / ぼうえきがいしゃ しゅうしょく
野村さん / 貿易会社へ就職した

(3) しゃちょう / ぼうねんかい さんか
社長 / 忘年会に参加しない

(4) らいしゅう / ひま
来週から / 暇だ

Word
あたた すず しゅっちょう ぼうえきがいしゃ しゅうしょく ぼうねんかい
暖かい 따뜻하다 · 涼しい 서늘하다 · 出張 출장 · 貿易会社 무역회사 · 就職 취직 · 忘年会 망년회
ひま
暇だ 한가하다

🎧 MP3 39

1　녹음을 듣고 문장을 완성해 보세요.

(1) 春になる＿＿＿、暖か＿＿＿＿＿＿＿＿＿＿。

(2) 日本語が上手＿＿＿＿＿＿＿＿＿＿＿＿。

(3) 智恵さんは行かない＿＿＿＿＿＿＿＿＿＿＿。

2　녹음을 듣고 그림의 내용과 알맞은 번호를 고르세요.

(1) ＿＿＿＿＿＿　(2) ＿＿＿＿＿＿　(3) ＿＿＿＿＿＿　(4) ＿＿＿＿＿＿

① 　② はじめまして

③ 　④

• Word • あくびが出る 하품을 하다

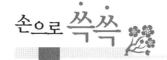

다음 문장을 일본어로 적어 보세요.

(1) 12월이 되면 망년회가 많아집니다. _____ 。

(2) 테스트는 다음 주부터라고 생각합니다. _____ 。

(3) 선생님은 참가하지 않을 것 같습니다만…. _____ 。

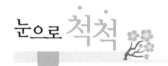

読み 取り 📛※

다음을 읽고 내용과 맞으면 O, 다르면 X를 표시하세요.

私は小学校1年生から4年生まで日本で暮らしました。その時はまだ田舎だったので、建物も人も少なかったと思います。20年ぶりに友だちと遊びに行ってみました。前よりビルが多くなってびっくりしました。特に、駅の周りが大変変わりました。昔と比べて、知らないところが増えて私も地図を見ながら案内をしました。

· Quiz ·

(1) 私は子どもの時、4年間日本で住んだことがある。 （ O / X ）

(2) 昔よりビルが少なくなったと思う。 （ O / X ）

Word 小学校 초등학교 · 暮らす 살다, 보내다 · 田舎 시골 · 建物 건물 · 少ない 적다 · ビル 빌딩
びっくりする 깜짝 놀라다 · 大変 매우, 대단히 (부사) · 変わる 변하다 · 昔 옛날
～と比べて ～와(과) 비교하여 · 増える 늘어나다, 증가하다 · 地図 지도 · 案内 안내

재료와 썰기

せんぎ
千切り
채썰기

おお
大さじ
큰 술

こ
小さじ
작은 술

ぎ
みじん切り
다지기

しお
塩
소금

こしょう
후추

はんげつぎ
半月切り
반달썰기

あぶら
ごま油
참기름

オリーブオイル
올리브 오일

かくぎ
角切り
깍둑썰기

さとう
砂糖
설탕

す
酢
식초

とうがらし
唐辛子
고추

たま
玉ねぎ
양파

ねぎ
파

음식
톡톡

· 팡케키 ·

팡케키 「パンケーキ 팬케이크」는 달걀과 우유, 설탕 등을 섞어서 얇게 구운 빵 형식으로, 일본의 유명 팡케키 가게들은 대기 시간이 심할 정도로 인기가 많다. 간단한 재료들로 맛있는 팡케키를 만들어보자.

材料 재료

ミックス 믹스 (가루)	1袋 (1봉지 150g)
卵 달걀	1個 (1개)
牛乳 우유	100ml

🌸 作り方 (만드는 법)

① ボールに卵と牛乳を入れ、よく混ぜる。

　볼에 달걀과 우유를 넣어 잘 섞는다.

② 次にミックスを加え、軽く混ぜ合わせる。

　다음 믹스(가루)를 넣어, 가볍게 섞는다.

③ フライパンを中火で熱し、ぬれぶきんの上で少し冷ます。

　프라이팬을 중불로 가열하여, 물수건 위에 조금 식힌다.

④ 弱火にして、生地の1/3量を高めの位置から一気に流す。

　약불로 해서, 반죽의 1/3 정도 양을 높은 위치에서 한 번에 떨어뜨린다.

⑤ 弱火で約3分焼き、ぷつぷつと小さな泡がでだらすぐ裏返す。

　약불에서 약 3분 굽고, 톡톡 작은 기포가 생기면 바로 뒤집는다.

⑥ 弱火で約2分焼き、火が通ればできあがり♬

　약불에서 약 2분간 굽고, 다 익으면 완성♬

•Word ボール 볼 · 卵 달걀 · 牛乳 우유 · 混ぜる 섞다 · 加える 더하다 · 中火 중간 불 · ぬれぶきん 물수건
冷ます 식히다 · 弱火 약불 · 焼く 굽다 · 泡 거품 · 裏返す 뒤집다 · 火が通る 익다 · 一気に 한 번에
流す 뿌리다 · できあがり 완성

부 | 록

01課 今週の土曜日は何をしますか。
이번 주 토요일은 무엇을 할 겁니까?

사토	최 씨, 요즘도 자주 운동을 합니까?
최	아니오, 일이 바빠서 별로 안 합니다.
사토	그렇습니까?
	저는 지난주(에) 오랜만에 헬스장에 갔습니다.
최	어머~ 매일 합니까?
사토	아니오, 주 2회 정도입니다.
	이번 주 토요일은 무엇을 할 겁니까?
최	금요일부터 출장으로 유럽에 갑니다.

02課 今度の週末、遊びにいきませんか。
이번 주말, 놀러 가지 않겠습니까?

사토	이번 주말, 어딘가 놀러 가지 않겠습니까?
최	좋네요. 어디로 갈까요?
사토	강릉은 어떻습니까?
	예쁜 바다와 경치, 유명한 맛집도 많이 있어요.
최	그렇습니까? 좋네요, 강릉!
	그럼, 주말은 차가 많으니까, 아침 일찍 출발할까요?
사토	네. 그럽시다.
	7시까지 데리러 가겠습니다.

03課 今日はかき氷が食べたいです。
오늘은 빙수를 먹고 싶습니다.

이노우에	박 씨는 골든위크에 무엇을 하고 싶습니까?
박	저는 우선 푹 쉬고 싶습니다.
	요즘 쭉 바빴기 때문에.
	이노우에 씨는 무엇을 할 것입니까?(하겠습니까?)
이노우에	저는, 홈베이킹을 배우고 싶습니다.
	그래서, 원데이클래스에 갈 것입니다.

박	어머, 멋있네요.
	그럼, 오늘 점심 이후 디저트를 먹으러 갈까요?
이노우에	좋네요. 오늘은 빙수를 먹고 싶습니다.

04課 ここは住みやすいですね。
여기는 살기 편하군요.

이노우에	드디어 다음 주, 이사합니다.
박	벌써 다음 주입니까? 어떤 곳으로 이사합니까?
이노우에	매우 살기 편한 곳입니다.
	근처에 큰 슈퍼도 있고, 역도 바로입니다(있습니다).
박	혼자 살기에는 딱 좋겠군요.
	저도 도와주러 갈까요?
이노우에	어머~ 정말입니까? 그럼, 부탁드리겠습니다.

05課 右に曲がってください。
오른쪽으로 돌아주세요.

통행인	저, 죄송한데요.
	2호선을 타고 싶은데, 홍대역은 어떻게 갑니까?
윤	아~ 여기에서 걸어서 금방이에요.
	저기에서 오른쪽으로 돌아주세요.
	바로 보입니다.
통행인	감사합니다.
	여의도역까지 가는데, 2호선이 빠릅니까?
윤	여의도역은 9호선이기 때문에, 당산역에서 한 번 갈아타세요!
통행인	네, 당산역에서 갈아타는군요.
	감사합니다.

06課 今、何をしていますか。
지금, 무엇을 하고 있습니까?

왕　　　　안녕하세요. 무엇을 하고 있습니까?
이노우에　안녕하세요.
　　　　　다음 주, 발표이기 때문에, 그 준비를 하고
　　　　　있습니다.
　　　　　왕 씨는 언제 발표입니까?
왕　　　　저는 다음 달 말이라, 아직….
이노우에　어머, 좋겠어요.
왕　　　　저… 바쁠 텐데, 죄송합니다.
　　　　　이것을 좀 봐 주세요.
　　　　　다운로드하고 있는데요, 잘 안됩니다.
　　　　　유료일지도 모르겠습니다.
이노우에　아아, 이거?
　　　　　학교 사이트 여기로 들어가서, 이 버튼을 누르고
　　　　　다운로드.
왕　　　　아, 여기군요. 감사합니다.
　　　　　도움이 되었어요.

07課 サングラスをかけている人は誰ですか。
선글라스를 쓴 사람은 누구입니까?

박　　네, 사토 씨, 지갑이 떨어져 있어요.
사토　어, 감사합니다.
　　　(지갑 안의 사진을 보여주고 있다)
　　　가족사진입니다만, 보겠습니까?
박　　이 기모노를 입고 있는 분이 어머니입니까?
사토　네, 어머니예요.
박　　사토 씨는 어머니를 닮았군요.
사토　그렇죠? 남동생은 아버지를 꼭 닮았습니다.

08課 友だちを連れてきてもいいですか。
친구를 데리고 와도 됩니까?

의사　어디가 불편합니까?
박　　지난주부터 오른쪽 손목이 계속 아파서….
의사　무슨 일이 있었습니까?
박　　저, 테니스를 하고 있는데요, 그것 때문일까요?

의사　그렇네요. 가벼운 염좌입니다.
　　　테니스는 조금 쉬세요.
박　　네. 목욕(을) 해도 됩니까?
의사　샤워는 괜찮지만, 목욕(을) 하면 안 됩니다.
　　　약 3일 치 드릴 테니 금요일에 다시 오십시오.
박　　네, 알겠습니다.

09課 私はまだ北海道に行ったことがありません。
나는 아직 홋카이도에 간 적이 없습니다.

사토　저, 다음 주 학회 발표로 홋카이도에 갑니다.
왕　　벌써 다음 주입니까? 좋겠요, 홋카이도.
　　　저는 아직 홋카이도에 간 적이 없습니다.
사토　그렇습니까? 저는 한 번 간 적이 있는데….
　　　신선한 해산물이 들어간 라면이 정말 맛있었습니다.
왕　　아, 들은 적은 있습니다. 나도 먹고 싶다아~.
사토　그럼, 다음 연휴에 같이 갈까요?
왕　　정말요?
　　　그럼, 같이 계획을 세워 봅시다.

10課 それなら、早く帰った方がいいですよ。
그렇다면, 빨리 돌아가는 편이 좋겠어요.

윤　　　　이노우에 씨, 무슨 일입니까?
　　　　　얼굴색이 나쁘네요.
이노우에　그렇습니까? 어제, 조금 늦게 자서….
윤　　　　발표나 리포트로 그런 것입니까?
이노우에　네, 이번 주, 그룹 발표 1개와 개인발표 1개.
　　　　　리포트 2개예요.
　　　　　그래서, 계속 컴퓨터 하거나, 늦게 자거나
　　　　　했습니다.
윤　　　　힘들겠네요. 어제는 몇 시에 잤습니까?
이노우에　거의 자지 않았습니다. 3시간 정도?
윤　　　　정말입니까? 그러면, 빨리 집에 가서 자는
　　　　　편이 좋겠어요.
이노우에　그러게요. 그럼, 먼저 들어갈게요.

11課 宝<ruby>宝<rt>たから</rt></ruby>くじに<ruby>当<rt>あ</rt></ruby>たったら、<ruby>何<rt>なに</rt></ruby>がほしいですか。

복권에 당첨되면, 무엇을 갖고 싶습니까?

왕 　최 씨, 무엇을 하고 있어요?
최 　지난주 산 복권을 보고 있습니다.
왕 　어머~ 복권입니까?
　　　복권에 당첨되면, 무엇을 갖고 싶습니까?
최 　복권에 당첨되면, 세계여행을 하고 싶습니다.
　　　왕 씨는요?
왕 　저는… 귀여운 외제차를 사고 싶습니다.
최 　그것도 좋네요.
　　　왕 씨도 반 장난으로 사 보는 게 어떻습니까?

12課 お<ruby>風呂<rt>ふろ</rt></ruby>に<ruby>入<rt>はい</rt></ruby>らないでください。

목욕하지 마세요.

의사 　어디가 불편하십니까?
박 　어제부터 콧물과 기침이 멈추지 않습니다.
　　　아침에 일어났더니, 한기도 들었습니다.
의사 　좀 봐 볼까요?
　　　　　　　　　…진찰 후…
의사 　열은 없는데, 감기네요.
　　　요즘 온도차가 심해서 감기에 걸리기 쉬우니까,
　　　아직 반팔은 입지 않는 게 좋습니다.
　　　오늘은 목욕을 하지 마세요.
박 　네, 알겠습니다.
의사 　몸조심하세요.

13課 <ruby>春<rt>はる</rt></ruby>になると、<ruby>暖<rt>あたた</rt></ruby>かくなります。

봄이 되면, 따뜻해집니다.

이노우에 　요즘, 따뜻해졌네요.
윤 　그렇네요. 슬슬 꽃도 예쁘게 피겠군요.
이노우에 　작년은 바이러스로 꽃놀이를 할 수 없었습니다만,
　　　올해는 예쁜 꽃을 많이 보고 싶네요.
윤 　꽃구경 명소를 알고 있습니까?
이노우에 　서울에서는 여의도가 가장 예쁘다고 생각합니다만….
윤 　개인적으로는 롯데월드 옆에 있는 석촌호수도 산책로(코스)가 있어서 예쁘다고 생각합니다.
　　　다음에 같이 가 봅시다.

1

今週の土曜日は何をしますか。

이번 주 토요일은 무엇을 할 겁니까?

입에 착착

1 🎧02

(1) A : よく 料理を 作りますか。

B1 : はい、よく 作ります。

B2 : いいえ、あまり 作りません。

(2) A : よく 本を 読みますか。

B1 : はい、よく 読みます。

B2 : いいえ、あまり 読みません。

(3) A : よく 運動を しますか。

B1 : はい、よく します。

B2 : いいえ、あまり しません。

(4) A : よく 映画を 見ますか。

B1 : はい、よく 見ます。

B2 : いいえ、あまり 見ません。

2

(1) A : 昨日は 何を しましたか。

B : 友だちと 遊びました。

(2) A : 昨日は 何を しましたか。

B : 野球場へ 行きました。

(3) A : 昨日は 何を しましたか。

B : レポートを 書きました。

(4) A : 昨日は 何を しましたか。

B : ホテルで 食事を しました。

귀에 쏙쏙

1 🎧03

(1) 高橋さんと 一緒に 映画を 見ました。

(2) デパートで かばんを 一つ 買いました。

(3) 昨日は どこへも 行きませんでした。

2

(1) ①　　(2) ④　　(3) ③　　(4) ②

(1) A : 今日は 何を しますか。

B : パンやへ 行きます。

昨日も 食べましたけど、とても おいしか

ったです。

(2) A : 金曜日は 何を しますか。

B : ギターを 習います。

(3) A : 来週、テストですね。

B : はい、月曜日です。土曜日に 勉強を し

ます。

(4) A : 週末は 何を しますか。

B : 水泳を します。

日曜日だけ 行きますけど、面白いです。

(1) 明日は何をしますか。

(2) 私は朝早く起きます。

(3) 昨日日本語の勉強をしましたか。

> 나는 매일 아침 6시에 일어납니다. 아침(밥)은 먹지 않습니다. 오늘도 두유 한 잔만 마셨습니다. 그리고 나서 학교에 갔습니다. 단어 시험이 있었지만, 별로 공부하지 않았습니다. 학교는 4시에 끝났습니다. 내일은 우에무라 씨의 생일입니다. 그래서 역 앞의 백화점에 갔습니다. 귀여운 시계를 한 개 샀습니다. 다음 주도 단어 시험이 있기 때문에 집에서 11시까지 단어 공부를 했습니다.

(1) ×

　　우에무라 씨는 매일 아침 아침(밥)을 먹습니다.

(2) ○

　　다음 주도 단어 시험이 있습니다.

2

今度の週末、遊びにいきませんか。

이번 주말, 놀러 가지 않겠습니까?

1 🎧05

(1) A : 明日、一緒に食事にいきませんか。

　　B1 : いいですね。行きましょう。

　　B2 : すみません。
　　　　明日は仁川に野球を見にいきます。

(2) A : 明日、一緒に食事にいきませんか。

　　B1 : いいですね。行きましょう。

　　B2 : すみません。
　　　　明日はデパートに化粧品を買いにいきます。

(3) A : 明日、一緒に食事にいきませんか。

　　B1 : いいですね。行きましょう。

　　B2 : すみません。
　　　　明日は居酒屋にお酒を飲みにいきます。

(4) A : 明日、一緒に食事にいきませんか。

　　B1 : いいですね。行きましょう。

　　B2 : すみません。
　　　　明日は空港に加藤先生を迎えにいきます。

(5) A : 明日、一緒に食事にいきませんか。

　　B1 : いいですね。行きましょう。

　　B2 : すみません。
　　　　明日はホンデにおいしいスフレを食べにいきます。

2

(1) A : 何か食べましょうか。

　　B : いいですね。じゃ、カップラーメンでも食べましょう。

(2) A : 何かかけましょうか。

　　B : いいですね。じゃ、K-POP でもかけましょう。

(3) A：何か買いましょうか。

B：いいですね。じゃ、アイスクリームでも

買いましょう。

(4) A：何か見ましょうか。

B：いいですね。じゃ、ネッフリでも見まし

ょう。

1 🎧06

(1) 少し休みましょう。

(2) どこで会いましょうか。

(3) 一緒に図書館へ本を借りにいきませんか。

2

(1) A：私も一緒に行きましょうか。

B：ありがとうございます。

よろしくお願いします。　　　（○）

(2) A：私も持ちましょうか。

B：ありがとうございます。

じゃ、お願いします。　　　（○）

(3) A：手伝いましょうか。

B：大丈夫です。ありがとうございます。（×）

(4) A：傘を貸しましょうか。

B：大丈夫です。友だちがきます。　（×）

(1) そろそろ帰りましょう。

(2) 一緒にコーヒーを飲みませんか。

(3) ちょっと（少し）休みましょうか。

나오미 선배에게

안녕하세요. 지원이입니다.

선배, 요즘도 바쁜가요? 이번 달 말에 록 콘서트가 있는데, 같이 가지 않을래요? 사실은, 이벤트에 당첨되었어요. 그래서, 티켓은 공짜입니다. (하하)

꼭 같이 갑시다.

지원이가

(1) ×

이번 달 말에 클래식 콘서트가 있습니다.

(2) ○

지원이가 나오미 선배에게 메시지를 썼습니다.

3

今日はかき氷が食べたいです。

오늘은 빙수를 먹고 싶습니다.

1 🎧08

(1) A ：お酒を飲みたいですか。

B1：はい、飲みたいです。

B2：いいえ、飲みたくありません

（＝飲みたくないです）。

(2) A ：早く家に帰りたいですか。

B1：はい、帰りたいです。

B2：いいえ、帰りたくありません

（＝帰りたくないです）。

(3) A ：日本語で話したいですか。

B1：はい、話したいです。

B2：いいえ、話したくありません

（＝話したくないです）。

(4) A ：彼女と別れたいですか。

B1：はい、別れたいです。

B2：いいえ、別れたくありません

（＝別れたくないです）。

(5) A ：試験に落ちたいですか。

B1：はい、落ちたいです。

B2：いいえ、落ちたくありません

（＝落ちたくないです）。

2

(1) A ：休みの日に何をしますか。
B ：家で映画を見ながら、ゆっくり休みます。

(2) A ：休みの日に何をしますか。
B ：ピアノを弾きながら、歌を歌います。

(3) A ：休みの日に何をしますか。
B ：おいしい物を食べながら、友だちと遊び

ます。

(4) A ：休みの日に何をしますか。
B ：資料を見ながら、会議の準備をします。

1 🎧 09

(1) 今日は かき氷が 食べたいです。

(2) 新しいケータイが ほしいです。

(3) コーヒーでも 飲みながら 待ちませんか。

2

(1) A ：週末、一緒に山へ行きませんか。
B ：山は行きたくないです。

近くの海へ行きたいです。 （×）

(2) A ：今日のお昼、何が食べたいですか。
B ：今日は焼き肉が食べたいですね。 （○）

(3) A ：誕生日のプレゼント、何がほしいですか。
B ：新しいパソコンがほしいです。 （×）

(4) A ：入学のプレゼント、何がほしいですか。

B ：かわいいかばんがほしいです。 （○）

(1) 日本人の友だちがほしいです。

(2) 今週は何もしたくありません。

(3) いい会社に就職したいです。

다음 주는 저의 생일입니다. 생일 선물은, 아이돌 콘서트 티켓을 갖고 싶습니다. 티켓 예약은 매우 어렵기 때문입니다. 콘서트 후, 맛있는 디저트를 먹으러 가고 싶습니다. 저는 달콤한 디저트를 정말 좋아합니다. 하지만, 쓴 것은 잘 못 먹기 때문에, 커피는 마시고 싶지 않습니다.

(1) ×

　　지난주 아이돌 콘서트에 갔습니다.

(2) ○

　　달콤한 디저트를 먹으러 가고 싶습니다.

4

ここは 住<ruby>す</ruby>みやすいですね。

여기는 살기 편하군요.

1 🎧11

(1) ウニは食<ruby>た</ruby>べやすいですが、カニは食<ruby>た</ruby>べにくいです。

(2) 運動靴<ruby>うんどうぐつ</ruby>は履<ruby>は</ruby>きやすいですが、ハイヒールは履<ruby>は</ruby>きにくいです。

(3) この問題<ruby>もんだい</ruby>は分<ruby>わ</ruby>かりやすいですが、その問題<ruby>もんだい</ruby>は分<ruby>わ</ruby>かりにくいです。

(4) 大<ruby>おお</ruby>きい字<ruby>じ</ruby>は読<ruby>よ</ruby>みやすいですが、小<ruby>ちい</ruby>さい字<ruby>じ</ruby>は読<ruby>よ</ruby>みにくいです。

(5) ひらがなは書<ruby>か</ruby>きやすいですが、カタカナは書<ruby>か</ruby>きにくいです。

2

(1) 昨日<ruby>きのう</ruby>、飲<ruby>の</ruby>みすぎました。

　　それで、具合<ruby>ぐあい</ruby>がよくないです。

(2) 昨日<ruby>きのう</ruby>、歌<ruby>うた</ruby>を歌<ruby>うた</ruby>いすぎました。

　　それで、のどが痛<ruby>いた</ruby>いです。

(3) 昨日<ruby>きのう</ruby>、歩<ruby>ある</ruby>きすぎました。

　　それで、足<ruby>あし</ruby>が痛<ruby>いた</ruby>いです。

(4) 昨日<ruby>きのう</ruby>、働<ruby>はたら</ruby>きすぎました。

　　それで、頭<ruby>あたま</ruby>が痛<ruby>いた</ruby>いです。

1 🎧12

(1) 日本語<ruby>にほんご</ruby>の新聞<ruby>しんぶん</ruby>は読<ruby>よ</ruby>みにくいです。

(2) 昨日<ruby>きのう</ruby>、飲<ruby>の</ruby>み会<ruby>かい</ruby>でお酒<ruby>さけ</ruby>を飲<ruby>の</ruby>みすぎました。

(3) 漢字<ruby>かんじ</ruby>の読<ruby>よ</ruby>み方<ruby>かた</ruby>は難<ruby>むずか</ruby>しいです。

2

(1) このアプリの使<ruby>つか</ruby>い方<ruby>かた</ruby>がわかりません。　（○）

(2) 昨日<ruby>きのう</ruby>、飲<ruby>の</ruby>みすぎました。　　　　　　（○）

(3) この靴<ruby>くつ</ruby>は履<ruby>は</ruby>きやすいです。　　　　　（×）

(4) これは食<ruby>た</ruby>べやすいです。　　　　　　　（×）

(1) 買<ruby>か</ruby>いすぎました。

(2) この薬<ruby>くすり</ruby>は飲<ruby>の</ruby>みにくいです。

(3) 作<ruby>つく</ruby>り方<ruby>かた</ruby>は簡単<ruby>かんたん</ruby>です。

> 레이와 X1년 4월 9일 수요일 맑음
>
> 드디어 다음 주 토요일, 이사를 합니다. 집 근처에는 큰 슈퍼, 맛있는 라면 가게, 베이커리, 카페가 있습니다. 집에서 버스정류장도 역도 가깝습니다. 매우 살기 편한 곳입니다. 일요일에는, 접시와 커튼 등을 사러 갈 것입니다.

(1) ○

　다음 주 이사하고, 접시와 커튼을 사러 갈 것입니다.

(2) ×

　집에서 역은 가깝지만, 버스정류장은 가깝지 않습니다.

5

右<small>みぎ</small>に曲<small>ま</small>がってください。

오른쪽으로 돌아주세요.

1 🎧14

(1) A：週末<small>しゅうまつ</small>は何<small>なに</small>をしましたか。

　　B：会社<small>かいしゃ</small>へ行<small>い</small>って、残業<small>ざんぎょう</small>をしました。

(2) A：先週<small>せんしゅう</small>は何<small>なに</small>をしましたか。

　　B：引<small>ひ</small>っ越<small>こ</small>しをして、片<small>かた</small>づけました。

(3) A：休<small>やす</small>みには何<small>なに</small>をしましたか。

　　B：近<small>ちか</small>くの公園<small>こうえん</small>へ行<small>い</small>って、自転車<small>じてんしゃ</small>に乗<small>の</small>りました。

(4) A：昨日<small>きのう</small>は何<small>なに</small>をしましたか。

　　B：お酒<small>さけ</small>を飲<small>の</small>んで、カラオケに行<small>い</small>きました。

(5) A：日曜日<small>にちようび</small>は何<small>なに</small>をしましたか。

　　B：ネップリを見<small>み</small>て、ゆっくり休<small>やす</small>みました。

2

(1) ここで右<small>みぎ</small>に曲<small>ま</small>がってください。

(2) メールを送<small>おく</small>ってください。

(3) 早<small>はや</small>く来<small>き</small>てください。

(4) 横断歩道<small>おうだんほどう</small>を渡<small>わた</small>ってください。

1 🎧15

(1) ここに名前<small>なまえ</small>を書<small>か</small>いてください。

(2) バスに乗<small>の</small>って学校<small>がっこう</small>へ行<small>い</small>きました。

(3) ランチを食<small>た</small>べて、薬<small>くすり</small>を飲<small>の</small>んでください。

2

(3) → (4) → (2) → (1)

週末<small>しゅうまつ</small>でしたが、朝早<small>あさはや</small>く運動<small>うんどう</small>をして、会社<small>かいしゃ</small>へ行<small>い</small>きました。仕事<small>しごと</small>をして、午後<small>ごご</small>には家<small>いえ</small>へ帰<small>かえ</small>ってゆっくり休<small>やす</small>みました。

(1) 毎日単語<small>まいにちたんご</small>を覚<small>おぼ</small>えてください。

(2) 友<small>とも</small>だちに会<small>あ</small>って、映画<small>えいが</small>を見<small>み</small>ました。

(3) まっすぐ行<small>い</small>ってください。

나는 요즘, 주 3회 헬스장에 갑니다. 월요일과 수요일, 금요일은 6시에 일어나서, 바로 헬스장에 갑니다. 프로그램 안에 요가나 필라테스도 있기 때문에, 매우 좋습니다. 1시간 정도 (운동)하고, 샤워를 하고 바로 회사에 갑니다. 근육 운동보다는 요가나 필라테스가 아직은 더 재미있습니다. 덕분에 1개월에 3kg이나 살이 빠졌습니다. 여러분도 꼭 XXX에 와 주세요. 같이 즐겁게 운동합시다.

(1) ×
헬스장은 집에서 가깝습니다.

(2) ×
근육운동으로 한 달에 3kg이나 살이 빠졌습니다.

6

今、何をしていますか。
지금, 무엇을 하고 있습니까?

1 🎧17

(1) A : 今、何をしていますか。
B : 部屋で音楽を聞いています。

(2) A : 今、何をしていますか。
B : 塾でピアノを弾いています。

(3) A : 今、何をしていますか。
B : 居酒屋でお酒を飲んでいます。

(4) A : 今、何をしていますか。
B : ジムで運動しています。

(5) A : 今、何をしていますか。
B : 家で夕飯を作っています。

2
(1) この問題はちょっと難しいかもしれません。
(2) 意外と辛い物が好き(だ)かもしれません。
(3) 来週の会議に社長も来るかもしれません。
(4) あの選手がもっと上手(だ)かもしれません。

1 🎧18
(1) 友だちとコーヒーを飲んでいます。
(2) 小松先生も来るかもしれません。
(3) 最近、日本料理を作っています。

2
(1) A : 田中さんは何をしていますか。
B : 写真を撮っています。 (○)
(2) A : イさんは何をしていますか。
B : 友だちと話しています。 (×)
(3) A : 山田さんは何をしていますか。
B : 電話をかけています。 (○)
(4) A : パクさんは何をしていますか。
B : ギターを弾いています。 (×)

(1) 今何をしていますか。
(2) 毎週、絵を描いています。
(3) いいかもしれません。

나는 올해, 대학에 입학해서, 친구와 함께 강남에 살고 있습니다. 친구 대학도 우리 대학 근처에 있습니다. 아침밥은 거의 먹지 않습니다만, 저녁밥은 같이 먹습니다. 새 학기이기 때문에 바쁘지만, 주말은 영어도 배우고 있습니다. 친구에게도 영어 학원을 소개했습니다. 다음 달부터는 같이 다닐지도 모르겠습니다.

(1) ○

친구와 함께 살고 있습니다.

(2) ○

저녁밥은 친구와 먹고 있습니다.

7

サングラスをかけている人は誰ですか。

선글라스를 쓴 사람은 누구입니까?

1 🎧20

(1) 赤い帽子をかぶっています。

(2) ネックレスをしています。

(3) 半そでを着ています。

(4) 青いズボンをはいています。

(5) スニーカーをはいています。

(6) 黒い帽子をかぶっています。

(7) 眼鏡をかけています。

(8) ネクタイをしています。

(9) スーツを着ています。

(10) 靴をはいています。

2

(1) A:一人で行ってみました。

B:私も行ってみたいです。

(2) A:一人で食べてみました。

B:私も食べてみたいです。

(3) A:一人で乗ってみました。

B:私も乗ってみたいです。

(4) A:一人で着てみました。

B:私も着てみたいです。

1 🎧21

(1) ピラティスを習ってみたいです。

(2) この本は持っていますか。

(3) サングラスをかけている人が私です。

2

(1) ⓒ　　(2) ⓐ　　(3) ⓓ　　(4) ⓑ

(1) A:鈴木さんは誰ですか。

B:眼鏡をかけている人が鈴木さんです。

(2) A:田中さんは誰ですか。

B:ジュースを飲んでいる人が田中さんです。

(3) A:ワンさんは誰ですか。

B:ハイヒールを履いている人がワンさんです。

(4) A:カンさんは誰ですか。

B:帽子をかぶっている人がカンさんです。

(1) スーツを着ています。

(2) 私も作ってみたいです。

(3) 眼鏡をかけている人は誰ですか。

이 사진은 작년, 가족여행에서 오사카에 가서 찍었습니다. 4명 가족으로, 아내와 아들이 2명 있습니다. 저는 무역회사에 근무하고 있습니다. 아내는 대학원에 다니고 있습니다. 장남은 고등학교 2학년이고, 차남은 초등학교 5학년입니다. 모자를 쓰고 있는 사람이 장남이고, 안경을 끼고 있는 사람이 차남입니다. 다음 휴가에는 교토나 나라에도 가 보고 싶습니다.

(1) ○

작년에 가족과 함께 일본에 갔습니다.

(2) ×

아내는 고등학교 선생님입니다.

8

友だちを連れてきてもいいですか。

친구를 데리고 와도 됩니까?

1 🎧 23

(1) A : ここに座ってもいいですか。

　B1 : はい、座ってもいいです。

　B2 : いいえ、座ってはいけません。

(2) A : 友だちを連れてきてもいいですか。

　B1 : はい、連れてきてもいいです。

　B2 : いいえ、連れてきてはいけません。

(3) A : 窓を開けてもいいですか。

　B1 : はい、開けてもいいです。

　B2 : いいえ、開けてはいけません。

(4) A : ここに車を止めてもいいですか。

　B1 : はい、止めてもいいです。

　B2 : いいえ、止めてはいけません。

(5) A : 私も使ってみてもいいですか。

　B1 : はい、使ってみてもいいです。

　B2 : いいえ、使ってみてはいけません。

2

(1) デジカメを壊してしまいました。

(2) 長い小説を一気に読んでしまいました。

(3) 書類をなくしてしまいました。

(4) お金をズボンと一緒に洗濯機で洗ってしまいました。

1 🎧 24

(1) エレベーターで走ってはいけません。

(2) 先に帰ってもいいですか。

(3) たくさん飲んでしまいました。

2

(1) A : ここでタバコを吸ってもいいですか。（×）

　B : すみません、ここではだめです。

(2) A : ここで写真を撮ってもいいですか。 （○）

　B : ええ、ここではいいですよ。どうぞ。

(3) A : 店の前に車を止めてもいいですか。　（×）

　　B : いいえ、止めてはいけません。

　　　　この辺は駐車禁止ですよ。

(4) A : あの、ここに入ってもいいですか。

　　B : はい、入ってもいいです。　　　（○）

손으로 쓱쓱

(1) ここに車を止めてはいけません。

(2) 一緒に写真を撮ってもいいですか。

(3) 昨日も遅くまで食べてしまいました。

눈으로 척척

어제, 수업이 끝나고 미카 씨와 최 씨와 선술집에 갔습니다. 우선, 생맥주를 마시고, 오코노미야키나 전골 등 안주를 많이 시켰습니다. 저는 요즘 다이어트 중인데, 술도 안주도 맛있어서 너무 많이 먹어버렸습니다. 오늘 아침 10시부터 발표였는데, 늦잠을 자서 늦고 말았습니다. 발표나 시험 전 날에는, 술을 너무 마시면 안 된다고 생각했습니다.

(1) ○

　　어제 과음해서 오늘 아침 늦게 일어났습니다.

(2) ×

　　오늘 발표는 미카 씨와 최 상과 함께 했습니다.

9

私はまだ北海道に行ったことがありません。

나는 아직 홋카이도에 간 적이 없습니다.

입에 착착

1 🎧26

(1) A : 新幹線に乗ったことがありますか。

　　B : はい、あります。とても速かったです。

(2) A : この小説を読んだことがありますか。

　　B : はい、あります。とてもおもしろかったです。

(3) A : 家でカレーを作ったことがありますか。

　　B : はい、あります。とてもおいしかったです。

(4) A : 芸能人に会ったことがありますか。

　　B : はい、あります。とてもかっこよかったです。

(5) A : 宝くじに当たったことがありますか。

　　B : はい、あります。とても嬉しかったです。

2

(1) A : 茶道を習ったことがありますか。

　　B : いいえ、茶道を習ったことはありません。はじめてです。

(2) A : 旅館に泊まったことがありますか。

　　B : いいえ、旅館に泊まったことはありません。はじめてです。

(3) A：相撲を見たことがありますか。

B：いいえ、相撲を見たことはありません。
はじめてです。

(4) A：お祭りに参加したことがありますか。

B：いいえ、お祭りに参加したことはありま
せん。はじめてです。

귀에 쏙쏙

1 🎧 27

(1) アルバイトをしたことがありますか。

(2) 4年前に行ったことがあります。

(3) 友だちが来た時、お好み焼きを作って食べた
ことがあります。

2

(1) A：これ、飲んだことがありますか。

B：いいえ、飲んだことはありません。

A：じゃ、今日はこれを飲んでみましょうか。

（×）

(2) A：今まで、一人で旅行したことがありますか。

B：いいえ、一人で行ったことは一度もあり
ません。今回が初めてです。　（×）

(3) A：日本に行った時、温泉に行ったことがあ
りますか。

B：はい、行ったことあります。家族とよく
行きます。　（○）

(4) A：外国へ行った時、スポーツをしたことが
ありますか。

B：はい、去年ハワイへ行った時、ゴルフを
したことがあります。　（○）

손으로 쓱쓱

(1) 日本に行ったことがありますか。

(2) 宝くじに当たったことはありません。

(3) 初めて飛行機に乗った時、どうでしたか。

눈으로 척척

나는 학창 시절 일본 온천에 간 적이 있습니다. 특히, 노천온
천이 있는 온천은 정말 좋았습니다. 라면이나 초밥 등, 일본요
리도 맛있었습니다. 그래서, 이번 겨울방학에, 처음 언니(누나)
와 둘이서 일본에 갑니다. 언니(누나)는 한 번도 일본에 간 적
이 없습니다. 둘이서 맛있는 라면이나 유명한 관광지, 온천 등
일본을 만끽하고 싶습니다.

(1) ○
언니(누나)와 함께 일본 여행은 처음입니다.

(2) ×
다음 방학(휴가)에는 가족 모두와 가고 싶습니다.

10

それなら、早く帰った方がいいですよ。

그렇다면, 빨리 돌아가는 편이 좋겠어요.

입에 착착

1 🎧 29

(1) A：暇な時は何をしますか。

B：本を読んだり、映画を見たりします。

(2) A：休みの日は何をしますか（しましたか）。

B：犬と散歩したり、料理をしたりします
（しました）。

(3) A：夏休みは何をしますか（しましたか）。

B：海に行ったり、山に行ったりします
（しました）。

(4) A：今週の土曜日は何をしますか（しました
か）。

B：発表の準備をしたり、ジムに行ったりし
ます（しました）。

(5) A：昨日は何をしましたか。

B：友だちに会ったり、本屋に寄ったりしま
した。

2

(1) インフルエンザが流行っていますから、
ビタミンCを飲んだ方がいいですよ。

(2) インフルエンザが流行っていますから、
予防注射をした方がいいですよ。

(3) インフルエンザが流行っていますから、
人込みを避けた方がいいですよ。

(4) インフルエンザが流行っていますから、
うがいをした方がいいですよ。

귀에 쏙쏙

1 🎧 30

(1) 着物を着たり、ドレスを着たりします。

(2) みんなでおいしいものを食べたり、飲んだり
したいです。

(3) 今日はゆっくり休んだ方がいいですよ。

2

(1) ①, ③　(2) ⑤, ②　(3) ⑥, ④

下村：ハンさんは週末何をしますか。

ハン：料理をしたり、本を読んだりします。

下村：そうですか。野田さんは何をしますか。

野田：私は友だちとカフェでコーヒーを飲みな
がら、勉強したりします。下村さんは。

下村：私は買い物をしたり、家で映画を見たり
しますね。

손으로 쏙쏙

(1) 昨日は飲んだり食べたりしました。

(2) そろそろ家へ帰った方がいいです。

(3) 木村さんが行くなら、私も行きます。

눈으로 척척

지난주, 출장으로 2박 3일간 일본에 다녀왔습니다. 오사카 지점과 거래처와의 미팅이 있었습니다. 미팅이 끝나고, 거래서 사람들과 도톤보리에서 오코노미야키를 먹기도 하고, 선물을 사기도 했습니다. 돌아오는 비행기에서, 다음에는 여행으로 가고 싶다고 생각했습니다.

(1) ✕

　　이번 주 출장으로 오사카에 갑니다.

(2) ○

　　도톤보리에서 선물을 사 왔습니다.

11

宝<small>たから</small>くじに当<small>あ</small>たったら、何<small>なに</small>がほしいで
すか。

복권에 당첨되면, 무엇을 갖고 싶습니까?

입에 착착

1 🎧 32

(1) A : 朝寝坊<small>あさ ね ぼう</small>したんです。

　　B : 今日<small>きょう</small>からは早<small>はや</small>く寝<small>ね</small>たらどうですか。

(2) A : 昨日<small>きのう</small>も一人<small>ひとり</small>で残業<small>ざんぎょう</small>をしたんです。

　　B : 誰<small>だれ</small>かにお願<small>ねが</small>いしたらどうですか。

(3) A : 遅<small>おそ</small>くまで仕事<small>し ごと</small>をしたんです。

　　B : 今日<small>きょう</small>はゆっくり休<small>やす</small>んだらどうですか。

(4) A : お昼<small>ひる</small>をいっぱい食<small>た</small>べたんです。

　　B : 散歩<small>さん ぽ</small>でもしたらどうですか。

(5) A : メールを間違<small>ま ちが</small>って送<small>おく</small>ったんです。

　　B : 早<small>はや</small>く送<small>おく</small>り直<small>なお</small>したらどうですか。

2

(1) A : 誰<small>だれ</small>に会<small>あ</small>ったんですか。

　　B : 高校<small>こうこう</small>の同級生<small>どうきゅうせい</small>に会<small>あ</small>ったんです。

(2) A : 何<small>なに</small>を食<small>た</small>べたんですか。

　　B : さつまいもを食<small>た</small>べたんです。

(3) A : 誰<small>だれ</small>が来<small>き</small>たんですか。

　　B : 弟<small>おとうと</small>が来<small>き</small>たんです。

(4) A : 何<small>なに</small>が分<small>わ</small>かったんですか。

　　B : この部分<small>ぶ ぶん</small>が分<small>わ</small>かったんです。

귀에 쏙쏙

1 🎧 33

(1) 誕生日<small>たんじょう び</small>のプレゼントに何<small>なに</small>を買<small>か</small>ったらいいです
か。

(2) 今朝<small>け さ</small>、何<small>なに</small>を食<small>た</small>べたんですか。

(3) もう少<small>すこ</small>し考<small>かんが</small>えてみたらどうですか。

2

(1) 宝<small>たから</small>くじに当<small>あ</small>たったら、何<small>なに</small>をしたいですか。

　　① 私<small>わたし</small>は新<small>あたら</small>しい車<small>くるま</small>が買<small>か</small>いたいです。　　（✕）

　　② 私<small>わたし</small>は家族<small>か ぞく</small>と世界旅行<small>せ かいりょこう</small>をしたいです。　（○）

　　③ 私<small>わたし</small>は家族<small>か ぞく</small>にプレゼントしたいです。　（✕）

(2) 朝<small>あさ</small>からお腹<small>なか</small>が痛<small>いた</small>いんですよ。薬<small>くすり</small>も飲<small>の</small>みました
けど…。

　　① 早<small>はや</small>く病院<small>びょういん</small>へ行<small>い</small>ってみたらどうですか。（○）

　　② 早<small>はや</small>く薬<small>くすり</small>を飲<small>の</small>んだらどうですか。　　（✕）

　　③ 早<small>はや</small>く家<small>いえ</small>へ帰<small>かえ</small>ったらどうですか。　　（✕）

(1) その話を聞いたら、私も行きたくなりました。

(2) 先輩に聞いてみたらどうですか。

(3) 朝寝坊をしたんですか。

눈으로 척척

어제, 우연히 고교시절 동창생 만났다. 아마 10년 만이려나.
고등학생 때, 나는 그 친구와 도서 위원이었다. 나는 책을 읽
는 것을 좋아해서, 혼자서 소설을 쓴 적도 있다. 그는 내 소설
을 읽고, 감상을 말하거나 의견을 말하거나 해 주었다. 그때는,
작가가 되고 싶었다. 하지만, 대학에 들어가고, 취직해서, 바쁜
매일을 보내고 있다. 그때 쓴 책도, 어디에 있는지 모른다. 혹
시, 한 번 더 그 시절로 돌아간다면, 한 번 정도는 책을 출판해
보고 싶다.

(1) ✕

10년 만에 도서 위원이었던 동창생에게 연락이 왔다.

(2) ✕

고교시절에 책을 출판한 적이 있다.

12

お風呂に入らないでください。

목욕하지 마세요.

입에 착착

1 🎧 35

(1) 写真を撮らないでください。

(2) 電話をしないでください。

(3) 犬を連れてこないでください。

(4) ごみを捨てないでください。

(5) 大きい声で話さないでください。

2

(1) A : パーマをかけた方がいいですか。

B : いいえ、パーマをかけない方がいいです。

(2) A : 前髪を伸ばした方がいいですか。

B : いいえ、前髪を伸ばさない方がいいです。

(3) A : 短く髪を切った方がいいですか。

B : いいえ、短く髪を切らない方がいいです。

(4) A : 髪を染めた方がいいですか。

B : いいえ、髪を染めない方がいいです。

귀에 쏙쏙

1 🎧 36

(1) 約束を忘れないでください。

(2) お酒をたくさん飲まないでください。

(3) 遅くまで勉強しない方がいいですよ。

2

(1) ⓑ (2) ⓖ (3) ⓔ (4) ⓒ (5) ⓐ

(1) ケータイを見ないでください。

(2) 化粧をしないでください。

(3) 教室では走らないでください。

(4) 授業中、宿題をしないでください。

(5) 授業中には隣の人とおしゃべりをしないでく

ださい。

(1) ここで写真を撮らないでください。

(2) 考えすぎない方がいいです。

(3) 心配しない方がいいです。

어제부터 콧물과 기침이 멈추지 않고 목도 아픕니다. 오늘 아침 일어났더니, 한기도 조금 들었습니다. 아마, 요즘 리포트나 공동연구가 많아서, 무리했을지도 모르겠습니다. 학교에 가기 전에 병원에 들러서 약을 받았습니다. 의사에게 '가능한 무리를 하지 마세요'라고 들었습니다. 아직 숙제가 있지만, 우선 오늘은 푹 쉴 겁니다.

(1) ○

어제부터 감기 기운이 있습니다.

(2) ×

리포트가 아직 있기 때문에, 오늘도 늦게 잘 것입니다.

13

春になると、暖かくなります。

봄이 되면, 따뜻해집니다.

1 🎧 38

(1) 夏になると、暑くなります。

(2) 秋になると、涼しくなります。

(3) 冬になると、寒くなります。

(4) お酒を飲むと、顔が赤くなります。

(5) 会社員になると、忙しくなります。

2

(1) 出張は火曜日からだと思います。

(2) 野村さんは貿易会社へ就職したと思います。

(3) 社長は忘年会に参加しないと思います。

(4) 来週からは暇だと思います。

1 🎧 39

(1) 春になると、暖かくなります。

(2) 日本語が上手になりました。

(3) 智恵さんは行かないと思います。

2

(1) A:お酒を飲むと、どうなりますか。

 B:お酒を飲むと、頭が痛くなります。 （④）

(2) A:出張へ行くと、どうなりますか。

 B:出張へ行くと、忙しくなります。 （③）

(3) A:この本を読むと、どうなると思いますか。

 B:この本を読むと、あくびが出ると思います。 （①）

(4) A:毎日勉強すると、どうなると思いますか。

 B:毎日勉強すると、日本語が上手になると思います。 （②）

(1) 12月になると忘年会が多くなります。

(2) テストは来週からだと思います。

(3) 先生は参加しないと思いますが…。

저는 초등학교 1학년부터 4학년까지 일본에서 살았습니다. 그 때는 아직 시골이었기 때문에, 건물도 사람도 적었다고 생각합니다. 20년 만에 친구와 놀러 가 보았습니다. 전보다 빌딩이 많아져서 깜짝 놀랐습니다. 특히, 역 주변이 많이 변했습니다. 옛날과 비교해서, 모르는 곳이 많아서 저도 지도를 보면서 안내를 했습니다.

(1) ○

나는 어렸을 때, 4년간 일본에서 산 적이 있다.

(2) ×

옛날보다 빌딩이 적어진 것 같다.